Gotik in Deutschland

Gotik in Deutschland

Ehrenfried Kluckert

Ellert & Richter Verlag

Ehrenfried Kluckert, Jahrgang 1944, ist promovierter Kunsthistoriker. Als wissenschaftlicher Assistent an der Pädagogischen Hochschule in Reutlingen und als Gastprofessor an der Uni Gießen verbrachte er viele Jahre in der Lehre und in der Forschung. Er hat als freiberuflicher Schriftsteller zahlreiche Bücher geschrieben. Im Ellert & Richter Verlag sind in der Reihe „Eine Bildreise" „Romanik in Deutschland", „Freiburg, Kaiserstuhl und Markgräfler Land" und „Burgund" erschienen.

Titelabbildung: Der Kölner Dom

Bildnachweis:

Archiv für Kunst und Geschichte, Berlin: S. 43
Toma Babovic, Bremen: S. 7 o., 64
Gert v. Bassewitz, Hamburg: S. 79 u., 84/85
Josef Bieker, Dortmund: S. 28/29, 38/39, 70/71
Böttcher/Tiensch, Bremen: S. 74 o., 74 u.
Domarchiv Köln, Matz und Schenk: S. 62
Jörg Axel Fischer, Hannover: S. 72, 73, 75 l.
Ottmar Heinze, Hamburg: S. 82
Georg Jung, Hamburg: S. 12/13, 54/55, 56/57, 58/59, 81 o., 81 u., 86/87, 88/89, 90/91, 92/93
Urs Kluyver, Hamburg: Titel, S. 66/67
© Könemann Verlagsgesellschaft mbH, Foto: Achim Bednorz, Köln: S. 46/47
Wolfgang Korall, Berlin: S. 15 l., 16/17
Norbert Kustos, Malsch: S. 9, 10/11, 24
Siegfried Layda, Berlin: S. 34
Bildarchiv Monheim, Meerbusch: S. 8, 33 r., 41, 44/45, 49 l., 49 r., 50 l., 50 r., 51, 52/53, 61, 63, 75 r.
Michael Pasdzior, Hamburg: S. 33 l., 35, 36/37, 79 o., 80
Andreas Riedmiller, Oberzollhaus: S. 15 m., 15 r.
Ulrike Romeis, Dortmund: S. 7 u., 30/31, 65, 68/69
Reinhard Scheiblich, Norderstedt: S. 83
Otto Stadler, Geisenhausen: S. 18/19, 21, 22 l., 22 r., 26/27
Heinz Teufel, Eckernförde: S. 76/77
Ernst Wrba, Sulzbach am Taunus: S. 23, 25, 42

Die Deutsche Bibliothek – CIP-Einheitsaufnahme

Gotik in Deutschland / Ehrenfried Kluckert. – Hamburg : Ellert und Richter, 2000
ISBN 3-89234-946-0

Text, Bildlegenden und Grafiken: Ehrenfried Kluckert, Bremgarten
Lektorat: Kerstin Brockow, Hamburg
Gestaltung: nach Entwürfen des Büros Brückner + Partner, Bremen
Satz: KCS GmbH, Buchholz/Hamburg
Lithographie: Offset Repro im Centrum, Hamburg
Druck: Girzig + Gottschalk, Bremen
Bindung: S. R. Büge, Celle

Inhalt

6 „Ganz von Zierat erdrückt“: die Bewertung der Gotik

14 Schlank in den Himmel ragend: gotische Baukunst in Bayern

20 Schwäbischer Zierat und oberrheinisches Filigran: unter dem Einfluß der Parler

32 Der „Englische Gruß“ und Frankens schönster Brunnen: Meisterwerke der gotischen Skulptur

40 Das Konzept der Hallenkirche: unterwegs in Hessen

48 Unter der Freiberger Tulpenkanzel: vom Erzgebirge nach Magdeburg

60 Gotische Wunderwerke: der Kölner Dom und westfälische Malerschulen

72 Von der Heide an die Küste: Klöster, Dome und Fresken in Niedersachsen

78 Vom Material geprägt: norddeutsche Backsteingotik

94 Glossar

„Ganz von Zierat erdrückt“: die Bewertung der Gotik

Als Johann Wolfgang von Goethe im Jahre 1770 seinen Aufenthalt in Straßburg vorbereitete, empfand er sich noch „als abgesagter Feind der verworrenen Willkürlichkeiten gotischer Verzierungen“, wie er es in seinem späteren Aufsatz „Von deutscher Baukunst“ des Jahres 1772 formulierte. „Ich stimmte ein in den allgemeinen Gesang: ‚Ganz von Zierat erdrückt!‘, und so graute mir's im Gehen vorm Anblick eines mißgeformten krausborstigen Ungeheuers.“ Der junge Straßburger Studiosus Goethe schloß sich mit seinem Urteil der damals üblichen ästhetischen Einschätzung an. Wie kam es zu dieser rüden Ablehnung der gotischen Baukunst? Die Antwort ist im Terminus „Gotik“ zu finden. Giorgio Vasari, der italienische Maler, Architekt und Künstlerbiograph des 16. Jahrhunderts, sprach abschätzig vom „stile gotico“. Das Gotische war für die Italiener gleichbedeutend mit dem Barbarischen. Die Goten waren es, die von Norden her in Italien eingefallen waren und das Land verwüstet hatten. Vasaris sogenannte Barbarentheorie bezog sich demnach auf die mittelalterliche Architektur des Nordens, die im Gegensatz zur Renaissancekunst keine harmonischen Maßverhältnisse und Proportionen aufwies, sondern allenfalls willkürlich konstruierte Bauten mit krausem Dekor und einer zweifelhaften Statik.

Dieser negative Bedeutungskranz um den Terminus Gotik hielt sich bis weit in das 18. Jahrhundert hinein. Noch Johann Georg Sulzer schrieb in seinem ästhetischen Traktat „Allgemeine Theorie der Schönen Künste nach alphabetischer Ordnung der Kunstwörter“ von 1771: „Man bedienet sich dieses Beiworts in den schönen Künsten vielfältig, um dadurch einen barbarischen Geschmack anzudeuten …“ Zu dieser Zeit war Goethe allerdings schon längst vom Gegenteil überzeugt. Fast emphatisch rief er angesichts der Westfassade des Straßburger Münsters aus: „Mit welcher unerwarteten Empfindung überraschte mich der Anblick, als ich davor trat! Ein ganzer, großer Eindruck füllte meine Seele, den, weil er aus tausend harmonierenden Einzelheiten bestand, ich wohl schmecken und genießen, keineswegs aber zu erkennen und erklären vermochte.“ So seine Worte in dem eben genannten Aufsatz, die eine ästhetische Kehrtwendung zur Folge hatten. Die Neubewertung der Gotik setzte sich rasch durch. Bereits 1773 entstand das neugotische Gebäude im Park von Wörlitz. Im Jahre 1780 bezog Goethe die gotische Malerei mit in seine Betrachtungen ein und schrieb an Johann Kaspar Lavater, daß Albrecht Dürer „… an Wahrheit, Erhabenheit und selbst Grazie nur die ersten Italiener zu seinesgleichen …“ habe.

Die Aufwertung der gotischen Baukunst wird besonders in der Malerei der Romantik transparent. Caspar David Friedrich setzte die gotische Ruine als bedeutungsvolles Motiv in vielen seiner Gemälde ein. Der Bezug zum Mittelalter sollte angesichts der verworrenen politischen Situation zur Zeit der napoleonischen Kriege an eine längst abhanden gekommene Heimat erinnern und die Sehnsucht nach einem geeinten Deutschland

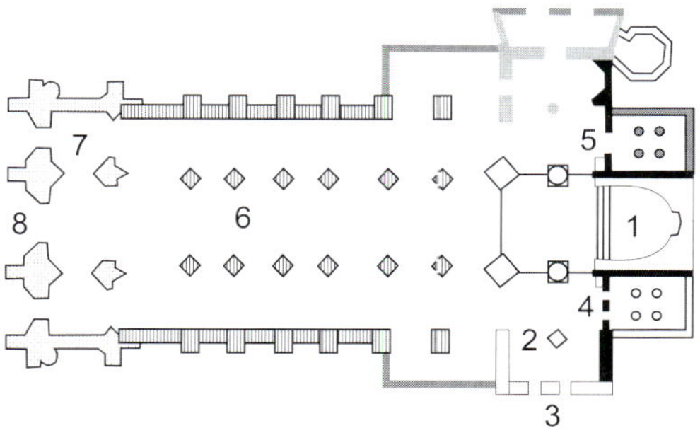

Straßburger Münster, Baugeschichte
■ 1176–1190
□ 1190–1210
▒ 1215–1225
▒ 1225–1235
▤ 1235–1275
□ ab 1277
▒ 15.–16. Jh.

1 Chor
2 Engelspfeiler
3 Südportal
4 Andreaskapelle
5 Johanneskapelle
6 Hochgotisches Mittelschiff
7 Nordturm
8 Westportal

schüren. Im Jahre 1814 sprach Josef Görres davon, den Ausbau des Kölner Doms als ein „Symbol des neuen Reiches, das wir bauen wollen“, zu verstehen. Wenige Jahre zuvor hatte Goethe bereits Partei für das Vorhaben der Gebrüder Boisserée ergriffen, die Pläne für die Restaurierung und Vollendung des Kölner Doms vorlegten. Wohl in diesem Zusammenhang entwarf der Baumeister Karl Friedrich Schinkel ein Konzept zur Westfassade mit den beiden filigranen und hoch in den Himmel ragenden Türmen. Als Vorlage benutzte er einen mittelalterlichen Fassadenaufriß, der sich heute im Kölner Dombauarchiv befindet. Schinkels Entwurf ist deswegen bemerkenswert, weil der Architekt als ausgemachter Klassizist galt, also eher den ästhetischen Antipoden, die Baukunst der Antike, vertrat.
In dieser ersten, durch Goethe ausgelösten Phase der Gotik-Begeisterung spielte die Baukunst weniger eine konkret-sakrale, sondern eher eine politisch-ideologische Rolle. Die gotische Kathedrale wurde zum Symbol für die erhoffte Konstituierung einer deutschen Hei-

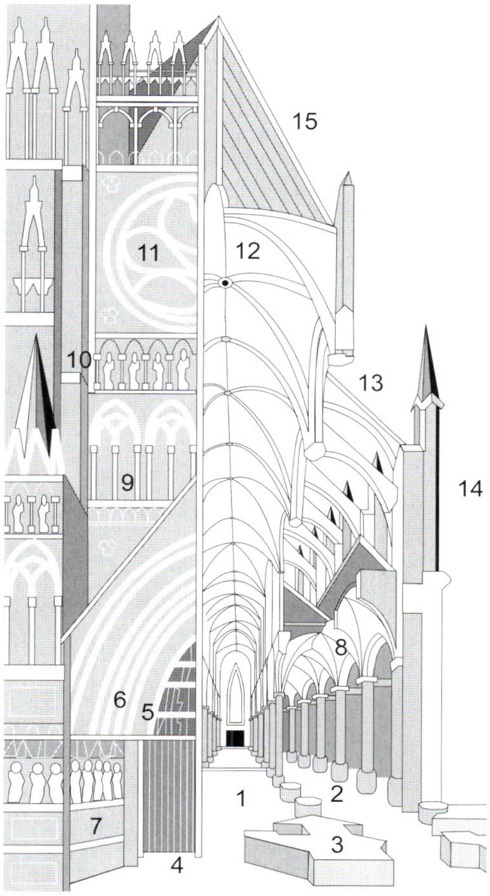

Hier, in der Straßburger Hirschgasse, dürfte der junge Student der Rechte, Johann Wolfgang von Goethe, den ersten Blick auf die Westfassade des Münsters geworfen haben. Er war begeistert und ließ die mittelalterliche Baukunst hochleben. In seiner frühen Schrift „Von Deutscher Baukunst“ (1772) sang er ein Loblied auf den Architekten Erwin von Steinbach (oben links).
In den siebziger Jahren des 18. Jahrhunderts setzte sich die Neubewertung der Gotik allmählich durch. Im Park von Wörlitz entstand in dieser Zeit das erste Gebäude im gotischen Stil. Die Fassade mutet an wie der Aufriß eines gotischen Kircheninnenraums. Maßwerkfenster mit Vierpässen und Türmchen mit spitzen Hauben gliedern den Pavillon (Mitte).

Aufriß einer gotischen Kathedrale
1 Mittelschiff
2 Seitenschiff
3 Portalpfeiler (Schnitt)
4 Portal
5 Tympanon
6 Archivolten
7 Gewände mit Gewändefiguren
8 Seitenschiffsarkaden
9 Maßwerkfenster
10 Königsgalerie
11 Rosette
12 Kreuzgrat- oder Kreuzrippengewölbe
13 Strebebogen
14 Strebepfeiler
15 Dach

Der Chorumgang des Kölner Doms ist dem Konzept nach französischen Ursprungs. Die Klarheit des Chor-Grundrisses und die ruhige Dynamik der aufstrebenden Lisenen, Pfeiler und Gewölberippen überzeugte die ersten Bewunderer der gotischen Baukunst gegen Ende des 18. Jahrhunderts, so daß der Entschluß leicht fiel, die in ihrer Zeit unvollendet gebliebenen Kirchen, Münster und Dome im Stil der Gotik zu vollenden.

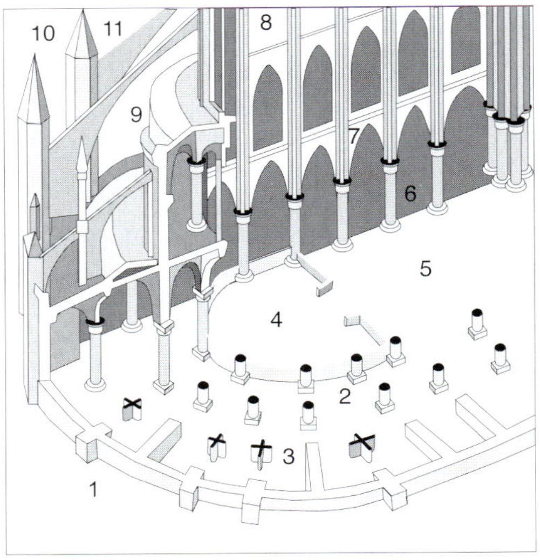

Der hochgotische Chor
1 Apsis
2 Chorumgang
3 Chorkapellen
4 Chor
5 Mittelschiff
6 Seitenschiff
7 Arkaden
8 Triforium
9 Zwerggalerie
10 Strebepfeiler
11 Strebebogen

mat. Dieser transzendentale Zug ist sogar noch in der späteren kunsthistorischen Forschung zu verspüren. Der deutsche Gotikforscher Hans Jantzen erkannte im Aufrißsystem der Kathedrale eine „diaphane Struktur“ und definierte den „Raum als Symbol des Raumlosen“. Die Schwere, so Jantzen, wird „… entkleidet und zum Aufstieg gebracht“. Diese Beschreibung wäre auch tauglich für viele gotische Ruinenmotive in den Bildern C. D. Friedrichs. Die gotische Kirche wurde weder zu Beginn des 19. Jahrhunderts noch hundert Jahre später im historischen Kontext debattiert, sondern als reines Formproblem. Jantzens Überlegungen gehen zurück auf den „Klassiker“ von Wilhelm Worringer, „Formprobleme der Gotik“ von 1918. In seiner Schrift spricht Worringer von der „Entmaterialisation des Steins“ und folgert daraus nicht nur den kulturellen Gegensatz zur Antike, sondern grundsätzlich die Geburt einer neuen deutschen Kunst: „Den Stein materialisieren, heißt ihn vergeistigen. Und damit haben wir der Versinnlichungstendenz der griechischen Architektur die Vergeistigungstendenz der gotischen Architektur klar gegenübergestellt.“

Festzuhalten bleibt, daß die von Jantzen herausgestellte „diaphane Struktur“ als wichtiges Erkenntnismodell für die gotische Kathedrale anzuwenden ist. Die Fragen, wo, wann und warum die Gotik entstand, knüpfen an ein Architekturgebilde an, das sich fragil und filigran präsentiert. Fest steht, daß die

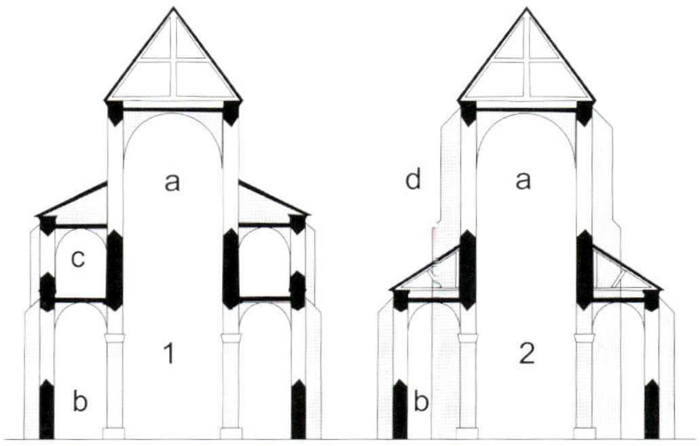

Frühgotischer (1) und hochgotischer (2) Aufriß
a Mittelschiff
b Seitenschiff
c Triforium
d Strebepfeiler

Eine gotische Preziose findet sich im Kloster Maulbronn. Die Brunnenkapelle des Kreuzgangs mit ihren hochgotischen Maßwerkfenstern und den harmonisch aufeinander abgestimmten Brunnenschalen entsprach damals zwar nicht dem Ideal der strengen Zisterzienser, vermittelte aber dennoch ein Gefühl der Andacht und Besinnung.

Gotik in Frankreich, oder besser in Francien, der mittelalterlichen Provinz zwischen Compiègne und Bourges mit Paris im Zentrum, um die Mitte des 12. Jahrhunderts entstanden ist. Es läßt sich sogar ein genaues Datum nennen, der 14. Juli 1140, als unter Abt Suger der Chorneubau der Abteikirche von Saint-Denis begonnen wurde. Hier haben die Bauleute erstmals den burgundischen Spitzbogen mit dem normannischen Rippengewölbe, das kurz nach 1100 entstanden ist, vereint. Wenige Jahre später, 1144, konstruierte man mit dem Bau von Chartres das für die Gotik bestimmende Aufrißsystem: Über den Mittelschiffarkaden erhebt sich eine kleine Galerie, das Triforium, das den äußeren Abschluß der Seitenschiffe kennzeichnet. Über dem Triforium schließen sich die hohen gotischen Maßwerkfenster an.

Die „gotische Idee“ aus dem Geist des Kreuzzugsgedankens oder einer daraus resultierenden übersteigerten Gläubigkeit abzuleiten, wie in der Forschung zuweilen behauptet wurde, ist wohl falsch, auch wenn man bedenkt, daß viele florealen Ornamentmotive der Kunst des Orients entnommen waren. Die starken Argumente „Würfelkapitell kontra Blattkapitell“ oder „Rundbogen kontra Spitzbogen“ für den Gegensatz von Romanik und Gotik überzeugen ebenfalls nicht, da Schildbögen und Kreuzrippen schon lange vor Saint-Denis konstruiert worden sind. Der Übergang von der romanischen zur gotischen Skulptur ist so fein gesponnen, daß es kaum möglich erscheint, die Figuren Naumburgs oder Bambergs im Vergleich mit den Reimser Kathedralfiguren als romanisch oder gotisch zu charakterisieren. Ein interessantes Problem tut sich auf, wenn man nach dem ersten Kontakt der französischen Gotik mit Deutschland fragt. Auch hier ist festzustellen, daß bereits 30 Jahre des Saint-Denis im Querhaus vom Speyerer Doms ein Kreuzrippengewölbe konstruiert wurde. Zur selben Zeit gestalteten Baumeister im Wormser Dom das Chor- und Querhausgewölbe mit Kreuzrippen aus, die allerdings noch als breite Steinbänder geformt waren.

Sicher ist, daß der im 12. Jahrhundert dominierende Zisterzienserorden, der die Gotik zu seiner Ordensarchitektur erklärte, für eine rasche Verbreitung des französischen Bau- und Dekormodells in Deutschland sorgte, wie etwa in Maulbronn oder in Bebenhausen bei Tübingen. Immer wieder war damals die Rede vom „opus francigeno“, wie beim Erzbischof von Magdeburg, der seit 1209 den Dom erbauen ließ, nachdem er die französische Kathedralkunst vor Ort in Augenschein genommen hatte. Schon vorher, um 1200, war der spätromanische Massivbau von Limburg an der Lahn innen mit einem frühgotischen Gliederungssystem versehen worden, das viele Merkmale der französischen Gotik aufweist. Der Dom von Limburg an der Lahn zählt wohl zu den eindrucksvollsten Zeugnissen der „discordia concors“, der zu einer harmonischen Vereinigung geführten Gegensätze eines staufisch-romanischen Außenbaus mit einem gotischen Innenraum.

Heiter und fröhlich muten die ungewöhnlich schlanken Palmensäulen im Sommerrefektorium des Klosters Bebenhausen bei Tübingen an. Die lichtdurchflutete zweischiffige Halle mit ihrem fächernden Rippengewölbe ist um 1335 entstanden und verweist auf die Blütezeit der Gotik. Vorbild war das Sommerrefektorium des Klosters in Salem.

Blick in den Kreuzgang des ehemaligen Zisterzienserklosters Chorin: Die Ende des 13. Jahrhunderts errichteten Gebäudeteile verfielen nach der Aufhebung des Klosters im Jahr 1542 zusehends. Ab dem 19. Jahrhundert wurde die Ruine – auf Initiative Karl Friedrich Schinkels – gesichert und instandgesetzt. Die Klosterkirche von Chorin gehört zu den Höhepunkten der norddeutschen Backsteingotik. Einzigartig ist die Westfassade mit drei hohen Lanzettfenstern, durch Strebepfeiler gegliedert, und einer Rosette, die links und rechts von je drei schmalen Dreipaßfenstern gerahmt wird.

Schlank in den Himmel ragend: gotische Baukunst in Bayern

Als Beispiel eines eindrucksvollen frühgotischen Bauwerks sollte die Ulrichskirche in Regensburg erwähnt werden, die ab 1225 erbaut wurde. Hier kann man die Klarheit der französischen Kathedralstruktur, wie sie etwa in Chartres zu erkennen ist, nachvollziehen. Die Baumeister wendeten das französische Stützsystem, das durch einen Wechsel von runden und oktogonalen Pfeilern gekennzeichnet ist, an. Im Gegensatz zu Limburg an der Lahn erkennt man die Gotik von St. Ulrich auch an den äußeren Strebepfeilern. Die Regensburger Kirche könnte demnach als erste Kirche gelten, die das französische Modell – wenn auch in Abwandlungen – übernahm.
Dieser Eindruck sollte allerdings nicht darüber hinwegtäuschen, daß es in dieser frühen Phase der Gotik-Rezeption aus dem Nachbarland schon bald zu eigenständigen Entwicklungen gekommen ist. Der ab 1273 im Bau befindliche Regensburger Dom weist besonders in den Lanzettfenstern eine spezielle und originelle Ornamentstruktur auf, die vielleicht von Frankreich inspiriert, dort aber in dieser Form unbekannt war. Ferner vermißt man in Regensburg den für die französische Kathedralgotik obligaten Kapellenkranz, der sich an den Chorumgang anschließt. Dafür übertrugen die Baumeister das System des Landhauses auf den Chor. Sie erhielten ein phantasievolles Gestaltungsmuster mit flach abschließenden Maßwerkfenstern in der unteren Zone, einem darüber lagernden Triforium und den oberen Lanzettfenstern mit bekrönenden Wimpergen.

Die ornamentale Struktur und das Aufrißsystem der französischen Baumeister provozierten gewissermaßen zu eigenständigen Varianten, die sich bald weit vom ästhetischen Kalkül des Ursprungslandes entfernt hatten. Damals bildete sich so etwas wie ein universelles Dekorationssystem heraus, ein figurengeometrischer Baukasten, der nicht nur für die Architektur und deren Schmuck, sondern auch für die Tafelmalerei und die Skulptur verbindlich wurde.
In Bayern lernen wir eine bemerkenswerte Ausprägung des spätgotischen Gewölbes kennen. Als gegen Ende des 14. Jahrhunderts und besonders im 15. Jahrhundert das bunte Glasfenster aus der Mode kam und das Licht um vieles intensiver in den Kirchenraum fallen konnte, wurde die Gestaltung des Gewölbes zum Hauptthema des Sakralbaus. Neben dem Kreuzrippengewölbe entwickelten sich Netz- und Sterngewölbe in immer neuen Gestaltungsformen. Das Kuppelgewölbe des Ingolstädter Liebfrauenmünsters zählt zu den faszinierendsten Beispielen dieses Typus. Das von Erhard Heydenreich zwischen 1510 und 1520 konstruierte Gewölbe gleicht einer dynamischen vegetabilischen Struktur. Zu Recht wurde in der kunsthistorischen Literatur darauf verwiesen, daß hier zum ersten Mal von einer „Verpflanzlichung der Architektur“ die Rede sein könne. Die Kapelle erscheint so gesehen als Laube. Vielleicht war diese Wirkung beabsichtigt, um die Assoziation mit dem Paradiesgarten oder dem Himmlischen Jerusalem hervorzurufen. Auf der anderen Seite gewann ein derart konkreter Bezug zur Laubenarchitektur an ästhetischen Reizen, die in die

Die Donaupartie von Regensburg mit der mittelalterlichen Brücke und den Türmen des Doms gehört neben Lübeck und Bamberg zu den berühmten Städtebildern Deutschlands. Neben dem Dom ist es besonders die ab 1225 erbaute Ulrichskirche, die das Konzept der französischen Kathedralstruktur am reinsten zum Ausdruck bringt (links). Das Liebfrauenmünster in Ingolstadt wird zu den schönsten Leistungen der bayerischen Spätgotik gezählt. Der Backsteinbau entstand ab 1425 unter Herzog Ludwig dem Gebarteten. Die Arbeiten konnten erst 1536 abgeschlossen werden. Aus diesem Grunde wirkt das Münster ganz im Sinne des neuen Renaissance-Ideals breitschultrig. Die schlanke Eleganz der Gotik vermißt man an diesem Bau (Mitte).

Richtung der damals beginnenden Verbürgerlichung des Sakralraumes wiesen. Die Kapelle mußte nicht ausschließlich der Andacht vorbehalten sein, sie konnte auch als ästhetisches Objekt Vergnügen bereiten.

Neben dem Gewölbe war es der Kirchturm, der die wirtschaftlich aufstrebenden Städte zierte und die Macht des reichen Bürgertums oder der politisch selbständig agierenden Herrschaft symbolisierte. In Landshut verweist der höchste Ziegelsteinturm der Welt vielleicht auf die Einigkeit zwischen dem Wittelsbacher Herzog Heinrich XIV. und der Bürgerschaft. Aus Dank für geleistete Kriegsdienste gegen den Kaiser befreite der Herzog die Bürger für zwei Jahre von der Steuer – eine großzügige Geste aus dem Jahre 1337, lange vor dem Turmbau von St. Martin, doch setzte sich das fruchtbare Zusammengehen der Bürger mit der Herrschaft in den folgenden Jahrhunderten zum Wohl der Stadt fort. Die Bauarbeiten an St. Martin begannen 1385. Wenige Jahre später zogen die Steinmetzen unter dem Baumeister Hans Krumenauer das Gewölbe ein. Gegen 1475 war unter der Leitung von Hans Stethaimer das Mittelschiff zu einem lichten Hallenraum ausund umgebaut. Mit 92 Meter Länge und 22 Meter Höhe verlangte der monumentale Kirchenbau nach einem entsprechenden Turm. Dessen Grundstein wurde 1444 gelegt. Im Jahre 1500 waren die Arbeiten abgeschlossen. Der Turm ragt mit seinen neun Stockwerken über 130 Meter hoch in den Himmel.

Eine vergleichbare politische Situation herrschte in München in der Zeit um 1450. Am wirtschaftlichen Aufschwung waren gleichermaßen das Stadtpatriziat und die Landesfürsten beteiligt. Von 1465 bis 1508 regierte Herzog Albrecht IV., der Weise, in München. Drei Jahre nach dem Beginn seiner Regentschaft ließ er vom Architekten Jörg Ganghofer die Frauenkirche errichten. 1488 waren die Arbeiten abgeschlossen. Die monumentale Hallenkirche – das Mittelschiff und die Seitenschiffe sind gleich hoch – zählte damals zu den größten und modernsten Europas. Es soll jetzt schon angedeutet werden, daß die Hallenkirche zu den Sonderleistungen der deutschen Gotik gehört. Gedanken über ihre Entstehung und ihr architektonisches Konzept machen wir uns erst am sogenannten Ursprungsort, in der Elisabethkirche in Marburg.

Das zurückhaltend gestaltete Netzgewölbe und die reinen Oktogonalpfeiler der Frauenkirche strahlen eine Würde aus, die man eher auf einen politischen Machtgestus als auf sakrale Weihe beziehen möchte. Zum Zeitpunkt der Vollendung des Kirchenschiffs und des Chors fehlten noch die geplanten Hauben auf den Turmstümpfen. Als man schließlich im Jahre 1525 die Türme mit einem entsprechenden Abschluß versehen wollte, waren schon längst die Ideen und Formen der italienischen Renaissance über die Alpen gelangt. Das Patriziat entschied sich für die „welsche Haube“, den gedrungenen Zwiebelturm – eine damals exotische Lösung. Heute ist die Frauenkirche gerade wegen ihrer Türme zum Wahrzeichen der Stadt geworden.

Die Münchener Frauenkirche wurde unter Herzog Albrecht IV. von 1465 bis 1488 errichtet. Die Pläne zum Bau lieferte der Architekt Jörg Ganghofer. Die monumentale Hallenkirche zählte damals zu den größten und modernsten Sakralräumen Europas. Die Hauben der beiden Türme, Wahrzeichen der bayerischen Metropole, sind später entstanden.

Auch der Regensburger Dom gehört neben dem Freiburger und dem Straßburger Münster zu den hochgotischen Beispielen, in denen das französische Konzept kunstvoll verarbeitet worden ist. Der Blick in den Chor vermittelt einen überwältigenden Eindruck von der Lichtfülle, die durch die Glasfenster in den Innenraum einfällt. Wie in Straßburg sind es auch hier die mächtigen Vierungspfeiler, die dem Kirchenraum Hoheit und Würde verleihen.

Volksfürsorge

Die Kirche St. Martin in Landshut besitzt den höchsten Ziegelsteinturm der Welt. Der Grundstein des gotischen Backsteinturms wurde 1444 gelegt. 56 Jahre später waren die Arbeiten abgeschlossen. Mit seinen neun Stockwerken ragt der Turm über 130 Meter hoch in den Himmel und symbolisiert die Einigkeit zwischen der Herrschaft und der Bürgerschaft. Er markiert die letzte Phase des Kirchenbaus, der schon über 100 Jahre zuvor, 1385, begann.

Schwäbischer Zierat und oberrheinisches Filigran: unter dem Einfluß der Parler

Bezeichnend für die politische Bedeutung des Kirchenturms ist die Entsendung des Münchner Baumeisters Jörg Ganghofer im Jahre 1469 nach Augsburg und Ulm, kurz nach der Grundsteinlegung der Frauenkirche. Ihm wurde aufgetragen, die fertiggestellten beziehungsweise im Bau befindlichen Kirchtürme dieser Städte zu studieren. Besonders werden den Münchner Architekten die genialen Projekte des Ulmer Baumeisters Ulrich von Ensingen interessiert haben. Der von Ensingen 1392 auf 161 Meter Höhe geplante Westturm des Münsters war zwar nicht ausgeführt worden – das geschah erst in den Jahren von 1885 bis 1890 –, doch konnte Ganghofer die Risse studieren. Wenn diese ihn auch fasziniert haben dürften, war er sich doch der Vorzüge des Baumaterials bewußt, das ihm in München leider nicht zur Verfügung stand. Die filigrane Struktur des Ulmer Münsterturms konnte eben nur mit dem leicht zu bearbeitenden Sandstein verwirklicht werden, nicht aber mit dem für München vorgesehenen Backstein.
Im Jahr 1377 brach die Parler-Bauhütte ihre Zelte in Schwäbisch Gmünd ab und zog nach Ulm, da in diesem Jahr die Grundsteinlegung zum Münster erfolgte. Bis 1391 lagen die Planung und die Ausführungen in den Händen der berühmten südwestdeutschen Baumeisterfamilie. Wer damals die riesige Baustelle besichtigte, dem wird die ungeheure Neuerung gerade gegenüber der französischen Architektur aufgefallen sein. Zu den bedeutendsten Errungenschaften der Parler gehörte die Vermeidung eines allzu mächtig in die Höhe strebenden Mittelschiffs – eine sicherlich notwendige Konsequenz des Hallenschemas, das eine gleiche Höhe für die Kirchenschiffe vorsah. Die Horizontale und die Vertikale erschienen ausgeglichen. Die Wandgliederung gestalteten die Baumeister nicht filigran und graziös, sondern eher kompakt und voluminös. Mit diesem Konzept wandten sich die Parler entschieden gegen die französische Kathedralkunst. Im Jahre 1381 wurde Heinrich Parler von seinem Sohn Michael abgelöst, der in Prag am Veitsdom gearbeitet hatte. Wenige Jahre später übernahm ein weiterer Heinrich Parler, möglicherweise ebenfalls ein Sohn des älteren Parler, die Arbeit Michaels. Er blieb nicht lange in Ulm, da er 1391 an den Mailänder Dom berufen wurde. Damit endete die Parler-Phase des Ulmer Münsterbaus und leider auch die Fertigstellung des genialen Bauplans. Zu dieser Zeit glich das Münster noch einer Baustelle. Der Chor war noch ungewölbt, und die Chortürme waren erst bis zu den Untergeschossen gediehen. Wahrscheinlich standen damals schon die ersten Pfeiler der Mittelschiffsjoche.
Als Ulrich von Ensingen 1392 von den Ulmer Stadtvätern berufen wurde, änderte er den Parler-Plan einer Hallenkirche und kehrte zurück zum traditionellen Basilika-Typus. Das entsprach seiner Forderung nach Monumentalität und Höhe. Als der Baumeister 1399 nach Straßburg ging, um dort am Münsterturm zu arbeiten, setzten seine Nachfolger Hans Kun und dessen Enkel Kaspar Kun seine Pläne um. Die Arbeiten wurden

schließlich Ende des 15. Jahrhunderts unter dem Baumeister Matthäus Böblinger abgeschlossen. Nur der Turm blieb unvollendet. Seine oberste Plattform reichte bis zur Höhe des Mittelschiffs. Man erachtete die Fundamente als zu schwach für die geplante Höhendimensionierung. Im Jahre 1494 baute man die Turmgeschosse bis zur halben Höhe und schloß sie mit einem flachen Dachkegel ab. Erst 1890 feierte man, wie bereits erwähnt, die Vollendung.

Bevor wir uns auf den Weg nach Schwäbisch Gmünd machen, dem Zentrum der berühmten Baumeisterfamilie der Parler, sollten wir einen Blick auf den Blaubeurer Altar werfen. Das spätgotische Retabel befindet sich im Chor der ehemaligen Klosterkirche von Blaubeuren nahe Ulm. Der Hochaltar vom Meister Gregor Erhart zählt zu den bedeutendsten spätgotischen Schnitzaltären und ist denen von Krakau, St. Wolfgang oder Kefermarkt ebenbürtig. Er entstand zwischen 1493 und 1494 und zeigt die Muttergottes mit dem Kind sowie Geburts- und Anbetungsszenen. Die filigrane Struktur, das schlanke Strebewerk und die zarte Bauornamentik der hochgotischen Kathedrale gaben das ästhetische Modell für die ornamentale Gestaltung des Gesprenges ab, in das die Figuren des Schmerzensmannes mit Maria und Johannes kunstvoll eingearbeitet sind. Das Werk des Ulmer Meisters Erhart war vorbildlich für viele südwestdeutsche Altäre, da in seiner Werkstatt durchreisende Skulpteure lernten und später in anderen Regionen Werkstätten gründeten. Die Stileinflüsse Meister Erharts sind bis an den Oberrhein zu verfolgen.

Das Heiligkreuzmünster in Schwäbisch Gmünd veranschaulicht in einmaliger Weise die künstlerischen Fähigkeiten der Parler, den Kirchenraum in eine filigrane und lichte Halle zu verwandeln. Heinrich von Gmünd war, bevor er sich dem Heiligkreuzmünster widmete, am Kölner Dom beschäftigt. In seiner Heimatstadt befaßte er sich in der Zeit um 1325 mit dem Hallenschema. Es ging um den Umbau der Vorgängerkirche, einer dreischiffigen Basilika mit Chorflankentürmen. Wie eine Bauinschrift am nördlichen Chorportal mitteilt, fand die Grundsteinlegung des Hallenumgangschors am 17. Juli 1351 statt. Der Sohn Peter, zu diesem Zeitpunkt erst 18jährig, wirkte möglicherweise an der Planung mit. Etwa fünf Jahre später wurde er von Karl IV. nach Prag berufen,

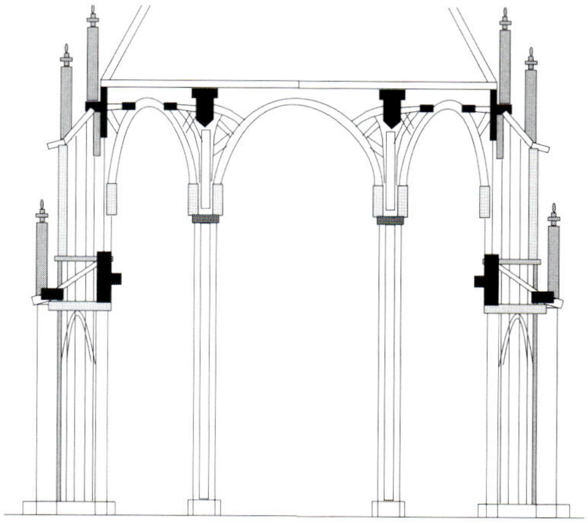

Der Ulmer Münsterturm wurde erst im 19. Jahrhundert, lange nach den Bauarbeiten des Mittelalters, errichtet. Im Jahr 1494 war der Turmbau eingestellt worden da sich das Fundament als nicht stabil genug erwiesen hatte (oben links).

Schwäbisch Gmünd, Heiligkreuzmünster, Ostpartie (unten links)

Schwäbisch Gmünd, Heiligkreuzmünster, Aufriß (oben)

um dort den bereits begonnenen Dombau fortzuführen. Zwischenzeitlich schritten die Bauarbeiten in Schwäbisch Gmünd voran. Der dreischiffige Hallenumgangschor mit umlaufenden Seitenschiffen und einem begleitenden Kapellenkranz war allerdings noch nicht eingewölbt, als die Parler-Bauhütte im Jahr 1377 die Arbeiten abbrach und ihre Tätigkeiten nach Ulm verlegte. Der Bau wurde provisorisch abgedeckt. Die Arbeiten konten erst 1521 unter den Baumeistern Aberlin Jörg und Hans von Urach abgeschlossen werden. Mit der Hallenbaukunst der Parler begann eine neue Epoche in der südwestdeutschen Gotik. Darüber hinaus beeinflußte diese Familie die Architektur und die Skulptur in ganz Europa. Ihr Wirkungskreis war groß: Köln, Prag, Nürnberg, Basel, Mailand, Straßburg, um nur einige europäische Metropolen des Mittelalters zu nennen, waren Stätten ihres Wirkens.

Die berühmte südwestdeutsche Baumeisterfamilie der Parler stellte mit dem Bau des Heiligkreuzmünsters in Schwäbisch Gmünd in einmaliger Weise ihre künstlerischen Fähigkeiten unter Beweis. Sie verwandelte den Kirchenraum des Vorgängerbaus ab 1351 in eine filigrane und lichte Halle.

Im 14., besonders aber im 15. Jahrhundert machte das Baumodell der Parler nicht nur in wirtschaftlich potenten Reichsstädten, sondern auch in ländlichen Gegenden Schule. Überrascht stehen wir in kleinen Dorfkirchen unter einem weiten Sterngewölbe oder einem in bescheidenen Maßen ausgebildeten Hallenchor. Die Steinmetzzeichen verraten häufig die Herkunft der Parler-Hütte. Die Reichsstädte waren natürlich besonders begierig, Meister der Gmünder Bauhütte für ihre Vorhaben zu gewinnen. In Esslingen gelang es offensichtlich dem Stadtrat, Bauleute aus Gmünd für die Errichtung der Frauenkirche unter Vertrag zu nehmen. Fast gleichzeitig mit dem Bau des Heiligkreuzmünsters in Schwäbisch Gmünd entstand um 1330 der Chor und kurz danach die Osthälfte der Langhaushalle. Die Baumeister waren fleißig. Sie konnten den Abschluß der Chorarbeiten im Jahre 1377 feiern – also noch kurz vor dem Abzug der Parler aus Schwäbisch Gmünd nach Ulm.

Noch während der Bauarbeiten am Heiligkreuzmünster rief der Rat der Stadt Hans von Urach nach Schwäbisch Hall, weil er dort den Umgangschor von St. Michael konstruieren sollte. Er schuf sein Meisterwerk, eine verfeinerte Replik des Gmünder Hallenchors. Damit erwies sich die von Heinrich Parler angestrebte Gmünder Lösung für den späteren Kirchenbau als vorbildlich.

Das Heiligkreuzmünster in Schwäbisch Gmünd gilt auch als ein Zentrum der mittelalterlichen Portalfigur. Das betrifft sowohl die formale Ausgestaltung als auch die entschieden bürgernahe Motivik. Im Nordostportal haben die Parler um 1360 die Passion Christi dargestellt. In vier Registern erzählen sie den Leidensweg des Herrn in spektakulär ausgewählten Szenen, die für eine klassische Kathedrale undenkbar gewesen wären. Gefangennahme, die Auferstehung und die „Vorhölle“ dominieren, wohingegen die Kreuzigung – zentrales Ereignis der Passion – aus dem Zentrum gerückt wurde. Dem Erlösergedanken wird gegenüber dem Opfergedanken der Vorzug gegeben – ein Hinweis auf den einer Reichsstadt entsprechenden Bürgerstil.

Das Meisterwerk Hans von Urachs ist der Hallenumgangschor der Stadtkirche St. Michael in Schwäbisch Hall. Der Bau entstand zwischen 1494 und 1527. Er gilt als verfeinerte Variante des Gmünder Hallenchors. Das von den Parlern entwickelte Modell einer Hallenkirche erwies sich somit als vorbildliches Konzept für den späteren Kirchenbau.

Die Vorhalle des Freiburger Münsters im Westturm diente im Mittelalter als Gerichtsstätte. Der ungewöhnlich reiche Skulpturenreigen erzählt von den letzten Dingen, der Geburt Christi und der Passion.

Freiburg, Münster, Portal der Vorhalle, Figurenschema des Tympanons
1 Gottvater des Jüngsten Gerichts
2 Posaunenengel
3 Register der 12 Apostel
4 Kreuzigung Christi
5 „Noli me tangere" und „Ungläubiger Thomas"
6 Christus in der Vorhölle
7 Der Seelenwäger Michael
8 Das angstvolle Teufelchen
9 Die Gräber öffnen sich
10 Christus an der Martersäule
11 Judas erhängt sich
12 Geburt Christi
13 Verkündigung an die Hirten

Das südwestliche Marienportal der Esslinger Frauenkirche wurde um 1350 sehr wahrscheinlich ebenfalls von den Parlern gestaltet. Die Figurenbehandlung des Marientodes könnte darauf verweisen. Die nahezu vollplastische Ausformung der Figuren und deren Erzähldynamik begegnete uns in Schwäbisch Gmünd. Die Komposition entspricht aber auch dem Tympanonstil des etwas später geschaffenen Südwestportals des Ulmer Münsters.

Im stilistischen Spektrum der Parler sind auch die Skulpturen der Vorhalle des Freiburger Münsters in der Zeit um 1300 entstanden. Interessant nimmt sich das exakt geplante und klug komponierte Marienportal aus. Über der Marienfigur des Mittelpfeilers erhebt sich das Tympanon mit einer zunächst verwirrend erscheinenden Fülle von Figuren. Doch findet man schnell eine Leseordnung in der Vielfalt: Im unteren Register rechts erkennt man Maria, die ihr Kind streichelt – ein Motiv, das einen byzantinischen Typus variiert. Darüber ist links an zentraler Stelle die Kreuzigung Christi dargestellt. Weiter oben im Zwickel erscheint der Weltenrichter. Das Leitthema kreist also um die Heilsgeschichte. In den unteren Ecken des Bogenfeldes verkünden zwei Posaunenengel den Beginn des Jüngsten Gerichts, das im unteren Register entfaltet wird. Hier fällt eine merkwürdige Szene auf: Ein Teufelchen schaut angstvoll zum Seelenwäger Michael. Ob es fürchtet, am Ende der Zeiten selbst büßen zu müssen, obwohl es doch ausführendes Organ des Gerichts ist?

Die Opfer- und Erlösungsthematik des Tympanons wird von den Gewändefiguren begleitet. Hier steht der „Fürst der Welt". Er wendet sich von der Wand ab, so daß man aus seinem Rücken Kröten und schleimiges Ungetier kriechen sehen kann. Neben ihm steht die Allegorie der Wollust, begleitet von einem Engel mit dem Spruchband „ne incretis", „damit ihr nicht in Versuchung fallet".

Das Weltgericht verweist auf die irdische Ordnung, die es zu bewahren gilt. Die eben beschriebenen und andere Szenen rücken das christliche Ordnungs- und Rechtsgefüge in den Erlebnisraum des Menschen. Das hatte zumindest für Freiburg einen pragmatischen Grund: Im Mittelalter diente die Vorhalle des Münsters als Marktgerichtsstätte.

Im und am Freiburger Münster entwickelte sich die einerseits von den Parlern und andererseits vom französischen Figurenstil inspirierte oberrheinische Tradition. Die gedrungenen und dennoch zierlichen Gestalten mit den freundlichen Gesichtern und den tellerförmig ausschwingenden Brust- und Bauchfalten – ein dezent angedeuteter Hüftknick ist ebenfalls zu verzeichnen – stehen Bodensee-Werkstätten und den Straßburger Skulpturen nahe. Der

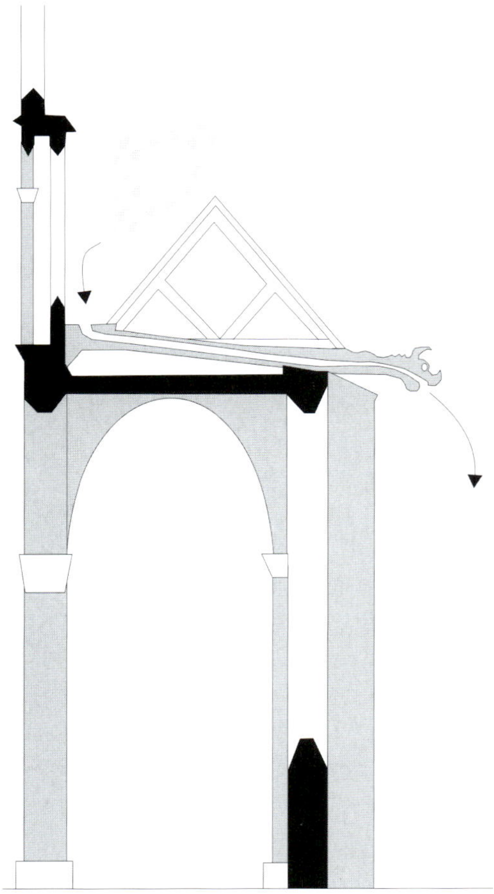

Bezug zu Straßburg läßt sich nicht nur über die Skulpturen herstellen, sondern in erster Linie über den Westturm, der zu den schönsten Schöpfungen der deutschen Gotik gezählt wird. Die Wandlung von der Früh- zur Hochgotik vollzog sich in Freiburg um 1260. Der Reigen der hoch aufschießenden und filigran gestalteten Fenster nimmt von Osten nach Westen, vom Chor zum Turm, an Leichtigkeit und Luzidität zu – so als ob das wunderbare architektonische Ereignis, der Turm, hier bereits eine bauästhetische Ouvertüre erfahren hat. In einer ersten Phase von 1270 bis 1290 wurde der dreigeschossige untere Sockel mit dem Glockenstuhl erbaut. Ab 1301 begann man mit der Errichtung des oktogonalen Helms. Dazu mußte aber das Turmquadrat in ein Achteck überführt werden. Der Baumeister fand eine geniale Lösung: Er setzte an die Diagonalseiten schlanke Fialen, ohne den Grundriß des Untergeschosses aufzugeben. Damit war das Oktogon vorgegeben. Auf einer erhöhten Ebene wurde dann der vielfach durchbrochene Helm in die Höhe gezogen. Um 1330 waren die Arbeiten abgeschlossen.
Vermutlich kam der Baumeister aus der Straßburger Bauhütte des Erwin von Steinbach nach Freiburg. Damals waren allerdings die Türme am Straßburger Münster noch längst nicht erbaut. Meister Gerlach führte bis zum Jahr 1365 die beiden Türme auf die Höhe der heutigen Plattform des Südturms. Dann stockte die Arbeit, da man sich nun intensiv der Gestaltung der mit einem filigranen Ornament- und Gitterwerk überzogenen Westfassade widmete.
Schließlich verpflichtete die Stadt Freiburg Ulrich von Ensingen aus Ulm, der zwischen 1399 und 1419 am Nordturm arbeitete. Aber erst mit dem Baumeister Johann Hültz konnte im Jahre 1439 die Krönung mit einem durchbrochenen oktogonalen Helm gefeiert werden.
130 Jahre nach der Vollendung des Freiburger Münsterturms entstand der „Zwillingsbruder" in Straßburg. Es ist anzunehmen, daß Freiburg für Straßburg Vorbildfunktion hatte. Tatsächlich konnte in der Zeit um 1330 nur die Breisgaumetropole mit einem modernen Turmkonzept aufwarten. Vergleichbare Türme mit filigranen Helmen konnte man im Schwäbischen erst über hundert Jahre später finden, wie etwa den Turm des Rottenburger Doms von 1486 oder den Helm der Esslinger Frauenkirche, der 1494 errichtet wurde. Doch waren die Baukonzepte in Rottenburg zu bieder und in Esslingen zu kompliziert, um eine

System und Konstruktion gotischer Wasserspeier

Der Turm des Freiburger Münsters ist einer der wenigen, die im Zuge der Bauarbeiten noch im Mittelalter vollendet wurden. Wohl deswegen ist die Harmonie zwischen dem Turm und dem Kirchengebäude so greifbar. Der Blick von der Aussichtsplattform im Oktogon auf die Maßwerkfenster zählt zu den aufregendsten Perspektiven, die ein gotisches Bauwerk zu bieten hat.

Das Malerfenster des Freiburger Münsters befindet sich im nördlichen Seitenschiff und dürfte um 1320 entstanden sein. Es zeigt im unteren Teil die Kreuzigung und darüber die Madonna mit dem stehenden Christuskind – möglicherweise eine Anspielung auf den Thron Salomonis. Links und rechts der Kreuzigung sind „Wilde Männer“ (rechts vielleicht der hl. Christopherus) dargestellt, da die Malerzunft „Zum Riesen“ hieß. Hier handelt es sich um Neuschöpfungen des vergangenen Jahrhunderts.

durchgängige Harmonie zu erreichen, die der Freiburger Turm in Vollendung präsentiert.
Abgesehen von der unbefriedigenden Turmlösung in Straßburg – aus Geldmangel und angesichts des neuen, von Italien und den Niederlanden her bekannten Stilideals verzichtete man auf den Bau des zweiten Turms – galt damals das Hauptschiff mit seinem verglasten Triforium, dem Fenstermaßwerk und den mit Nischen versehenen Seitenschiffen als modernster Bau Deutschlands.
Schon vor der Vollendung des Langhauses zog um 1225 das südliche Querhaus mit seinem Engelspfeiler und dem äußeren Marienportal die Aufmerksamkeit auf sich. Es waren Chartreser Bildhauer, die mit den Arbeiten beauftragt wurden. Der das Jüngste Gericht figurierende Engelspfeiler führt die schlanke und hoch aufgerichtete gotische Skulptur als Vollendung dieses Stilideals vor Augen. Gleiches kann man von den am Außenportal angebrachten Figuren der Ecclesia und Synagoge behaupten. Sie waren damals – und sind es heute noch – der ästhetische Maßstab zur Beurteilung der hochgotischen Skulptur.
Neben vielen anderen gotischen Kirchen bieten Freiburg und Straßburg ausgezeichnete Beispiele der mittelalterlichen Glasmalerei. Das Freiburger Münster besitzt viele Zunftfenster, die vorwiegend aus dem mittleren 14. Jahrhundert stammen. Das Bäckerfenster ist an der weißen Brezel im roten Wappenschild vor blauem Rautengrund zu erkennen. Das dreiteilige Fenster erzählt vom Leben und Leiden der hl. Katharina. Die Figuren wirken höfisch elegant und sind mit dem für diese Zeit obligaten Hüftknick versehen. Auch im Schneiderfenster – an der silberweißen Schere vor dem roten Wappengrund zu erkennen – fallen die eleganten und in gezierter Gestik befangenen Damen auf. Es sind Maria Magdalena und die hl. Katharina, die mit ihren fein gezeichneten Gesichtern und dem fast schon manieristisch gelängten Hals eher als Protagonistinnen eines höfischen Festes denn als Zeuginnen der christlichen Heilsaussage auftreten.
Die Glasfenster des Straßburger Münsters sind zeitlich früher anzusetzen. Sie entstanden zwischen 1250 und 1275 und veranschaulichen den später auch in Freiburg adaptierten französischen Figurentypus. Der Erzählstil des Passionsfensters ist konsequent und ohne Brüche in der Szenenfolge ausgeführt. Die Szenen selbst sind dicht komponiert, die Figuren und Gruppen in dramatische Aktionen gesetzt und realistisch gestaltet.
Den Straßburger Auftraggebern und den Künstlern ging es um den Detailrealismus des biblischen Geschehens, um dem Volk die Heilsaussage plastisch vor Augen zu führen. Die Freiburger dagegen schätzten hundert Jahr später die ruhige Eleganz und die noble Gestensprache, um dieselbe religiöse Aussage zu treffen.

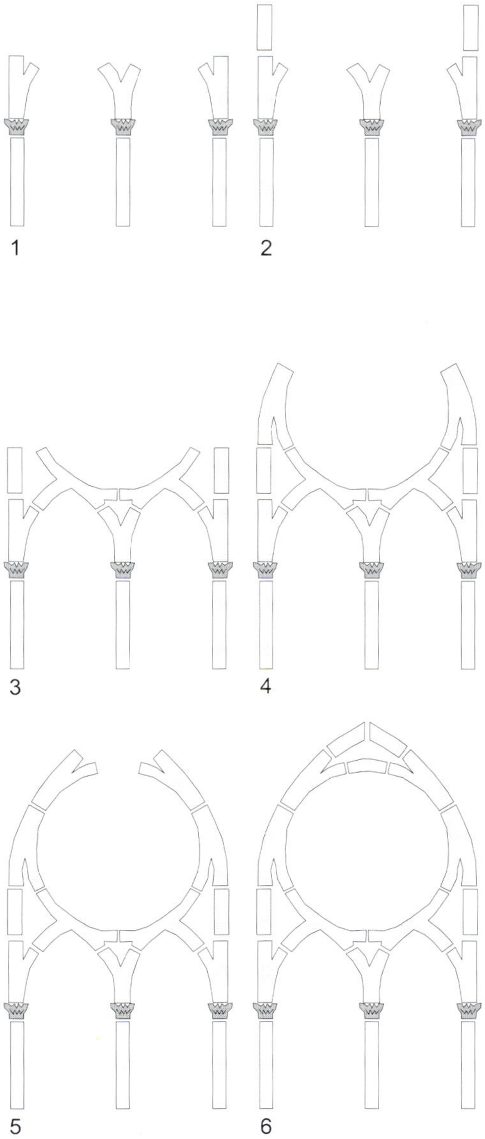

Konstruktion und Bau gotischer Maßwerkfenster (Bauphasen 1–6)

Die Baugeschichte des Ulmer Münsters ist lang und kompliziert. Das lag hauptsächlich am grundlegenden Planungswechsel: Nachdem die Parler eine Hallenkirche vorgesehen hatten, änderte der Nachfolger Ulrich von Ensingen im Jahr 1392 das Konzept in eine traditionelle Basilika um. Während die Parler dem französischen Geschmack eine eigene südwestdeutsche Variante entgegenstellen wollten, entschieden sich die Ulmer Stadtväter später mit dem Ensinger Baumeister dagegen. Zweifellos wurde die Form der Basilika mit hohem Mittelschiff und niedrigen Seitenschiffen dem Wunsch nach Monumentalität und Würde eher gerecht.

Der Blaubeurer Altar zählt zu den Inkunabeln der schwäbischen Gotik. Seine Figuren haben die Werkstätten in Oberschwaben und im Unterland bis hin in das Fränkische inspiriert. Die von Engeln bekrönte Marienfigur, begleitet von Johannes dem Täufer und dem Ordensvater Benedikt zu ihrer rechten Seite sowie Johannes dem Evangelisten und der heiligen Scholastika zur linken, ist das Meisterwerk vom Ulmer Gregor Erhart.

Zu den Höhepunkten der gotischen Glasfenster zählen die wunderbaren Exemplare im Freiburger Münster. In ihrer Artistik und mit ihrem Bilderreichtum übertreffen sie diejenigen des Straßburger Münsters. Größtenteils handelt es sich um Zunftfenster, wie das hier abgebildete der Schneider mit der weißen Schere im roten Wappen. Höfisch gekleidet und einen eleganten Hüftknick ausführend, erscheint die Muttergottes zusammen mit den Heiligen Magdalena (links) und Katharina (rechts).

Der „Englische Gruß“ und Frankens schönster Brunnen: Meisterwerke der gotischen Skulptur

Der „Englische Gruß“ ist eine lebensgroße Verkündigungsgruppe, die Veit Stoß um 1517/18 aus Lindenholz geschnitzt hat. Wer diese auf England bezieht, hat das Ziel recht genau getroffen, befindet sich aber möglicherweise auf einer falschen Fährte. Das Herzland Großbritanniens hat natürlich nichts mit der spätgotischen Skulptur in der Nürnberger St.-Lorenz-Kirche zu tun. Auch entrichtete der Engel seinen Gruß nicht in englischer Sprache – im Mittelalter wurden die Verkündigungen in Latein ausgegeben. Da die hellhäutigen und blonden Menschen auf der großen Insel zwischen Nordsee und Atlantik Engeln glichen, wurden sie im frühen Mittelalter als solche bezeichnet, als Angelsachsen. Engelhaft oder eben „englisch“ ist der Gruß, also die Verkündigung Gabriels an die künftige Muttergottes, die mit den Worten „Ave Maria“ beginnt.

Der 1445 im schwäbischen Horb geborene Veit Stoß zog schon in jungen Jahren nach Nürnberg, gab aber 1476 seine Bürgerrechte dort auf, um für die Krakauer Marienkirche den Hochaltar zu schaffen, das gewaltigste Schnitzwerk der deutschen Spätgotik. 1496 kehrte er nach Nürnberg zurück, um im Jahr des Thesenanschlags Martin Luthers, 1517, mit den Arbeiten an der monumentalen Verkündigungsgruppe zu beginnen. Demütig und von Engeln umflogen, empfängt Maria mit geneigtem Kopf die Botschaft. Auf ihrem Haupt hat sich die Taube, der Heilige Geist, niedergelassen. Die Gruppe ist raffiniert in einen monstranzartigen Rosenkranz eingearbeitet, der mit sieben Medaillons besetzt ist. Diese zeigen die Sieben Freuden Mariens, unter anderem die Geburt des Sohnes und die Krönung zur Himmelskönigin. Die Skulpturen sind farbig gefaßt. Der Engel und Maria tragen goldene Gewänder. Marias Gewand ist innen blau ausgeschlagen, ihr Kleid ziert eine rotgoldene Karomusterung. Die Figuren von Veit Stoß stellen ein überzeugendes Beispiel für die damalige Bedeutung der polychromen Fassung dar. Es ist erstaunlich, daß ein weiterer berühmter Bildschnitzer jener Zeit, Tilman Riemenschneider (1460–1531), offensichtlich bewußt auf die farbige Fassung seiner Figuren verzichtete. Der Sachverhalt ist kompliziert. Einerseits kam um 1500 die monochrome Holzskulptur in Mode, andererseits gab es seitens der Auftraggeber Bemühungen, polychrome Skulpturen einzufordern. So ist es auch nicht verwunderlich, daß Veit Stoß im Jahre 1504 den Auftrag erhielt, den strikt farblos gehaltenen Münnerstädter Altar Riemenschneiders zu kolorieren. Wenige Jahre später, 1522, konnte dann Stoß seinen Marien-Weihnachts-Altar für den Bamberger Dom farbenfrei gestalten. Doch kam es bald zu Komplikationen. Der Stadtrat verweigerte nach der Einführung der Reformation dessen Aufstellung. Das lag sicherlich nicht an der fehlenden Farbe, die der lutherischen Gesinnung wohl eher entsprach als ein „katholisch-buntes Kunstwerk“, sondern an der beginnenden Bilderfeindlichkeit. Der Altar wurde in die Obere Pfarre zu Bamberg gebracht und 1937 wieder in den Dom transportiert, wo er auch heute noch zu betrachten ist.

In den Jahren 1517/18 schuf Veit Stoß für die Nürnberger St.-Lorenz-Kirche die monumentale Verkündigungsgruppe, die unter dem Namen „Englischer Gruß“ berühmt geworden ist. Sie ist raffiniert in einen monstranzartigen Rosenkranz eingearbeitet, der mit sieben Medaillons besetzt ist. In ihnen sind die Sieben Freuden Mariens wiedergegeben, unter anderem die Geburt des Sohnes und die Krönung zur Himmelskönigin.

In den Figuren der Synagoge (vorn) und der Ecclesia im Bamberger Dom löst sich das Formenideal der staufischen Klassik auf in der Eleganz der Gotik. Die geschmeidige Körperbewegung und das fließende, seidene Stofflichkeit suggerierende Gewand der Synagoge sind beispiellos in der frühen gotischen Skulptur.

Riemenschneiders Heilig-Blut-Altar, der zwischen 1499 und 1505 für die St.-Jakobs-Kirche in Rothenburg ob der Tauber entstanden ist, bezieht seinen ästhetischen Reiz, zumindest für heutige Betrachter, aus der Monochromie. Es wurde nachgewiesen, daß der Altar von einer einzigen Farbe überzogen war. Die gemalte Monochromie wurde als Reduzierung der Andachtswirkung gedeutet. Das könnte eine verstärkte Hinwendung zum Realismus der Darstellung nach sich gezogen haben – ein durchaus vorreformatorischer Aspekt. Jesus überreicht Judas das Brot und entlarvt ihn als Verräter. Daraufhin erhebt sich Judas mit dem Geldbeutel in der Hand und geht hinaus in die Nacht. So schildert es Johannes im Evangelium (XIII, 21–30). Um dieses dramatische Ereignis szenisch wirksam werden zu lassen, rückte Riemenschneider – fast schon ein Sakrileg – Christus aus dem Zentrum. Mit dieser formal-ikonographisch so neuartigen Konstellation – die Hauptfigur ist nicht Christus, sondern Judas – stellte Riemenschneider das Abendmahl mit dem Verrat als dem eigentlichen Beginn der Passion heraus. Solche motivischen und kompositorischen Varianten in der Altargestaltung verweisen auf das Ende des Mittelalters. Die Formensprache selbst kann noch als spätgotisch empfunden werden.

So wie die Figurengruppen Riemenschneiders oder Veit Stoß’ auf der Epochenschwelle zwischen Spätgotik und früher Neuzeit ba-

Im Mittelschiff des Bamberger Doms schweift der Blick über das Kaisergrab von Tilman Riemenschneider zum Ostchor, dem ältesten, noch aus romanischer Zeit stammenden Teil des Bauwerks.

lancieren, so bewegen sich auch einige Bamberger Domfiguren auf der stilistischen Schattenlinie zwischen staufischer Klassik und Frühgotik. Die Figuren der Maria und der Elisabeth, die zur Weihe des Doms im Jahre 1237 bereits aufgestellt waren, weisen in ihrer Haltung und ihren Körperproportionen auf den reifen Spätstil der staufischen Klassik, die aufregenden Röhrenfalten jedoch sowie die individuelle Gestaltung der Physiognomie lassen nur ein Vorbild zu: die berühmte Reimser Heimsuchungsgruppe, die als klassisches Beispiel für die Entstehung und Entwicklung der gotischen Kathedralskulptur von entscheidender Vorbildfunktion gewesen ist. Die Idee der staufischen Klassik löst sich auf in der Eleganz der Gotik. Dieser Gedanke wird in der Figur der Synagoge im Bamberger Georgenchor plastisch und greifbar. Ihre Körperbewegung ist fast zärtlich nachempfunden worden. Im hauchdünnen Stoff der Augenbinde drücken sich die Augäpfel ab. Auch das Tympanon des Fürstenportals kündigt die vollzogene Wende zur Gotik an. Die sonst obligaten Register für die Erzählung des Szenariums wurden bewußt vermieden, um das Tympanon als – wenn auch flachen – Raum zu nutzen. In der Tat nehmen sich die Figuren des Weltgerichts vollplastisch aus. Zumindest schematisierte der Künstler das gestaltete Hintereinander nicht, wie sonst üblich, sondern nutzte es raumgreifend für die Entfaltung der dramatischen Ereignisse. Auch die Gesichter der Akteure unterstreichen das Geschehen. Sie lachen, weinen, grinsen und klagen, so daß die Betrachter wenig Mühe haben werden, die entsprechenden akustischen Attribute nachzuempfinden. Dieser realistische Zug früher gotischer Kathedralskulptur bleibt vereinzelt und glättet sich in der Folgezeit zu einem universalen oder besser scholastischen Darstellungsschema der biblischen Heilsaussage.

Kehren wir nach Nürnberg zurück, um die Lorenzkirche genauer in Augenschein zu nehmen. Die Bauzeit dauerte von der zweiten Hälfte des 13. Jahrhunderts an etwa hundert Jahre. Die Türme konnten erst 1383 vollendet werden. An der Westfassade fällt die Auseinandersetzung mit der französischen Gotik auf, obwohl der Bau keineswegs als „opus francigeno" gelten kann. Die Türme erscheinen kom-

pakt und gleichen in ihrer Proportioniertheit eher romanischen Vorbildern. Der Mittelteil mit der filigranen Rosette über dem Portal und dem zart gegliederten dreieckigen Abschluß ist ohne französische Aufrißzeichnungen kaum denkbar. Im Chor ist schließlich abzulesen, in welchem Maße in Deutschland eine stilistische Eigenentwicklung stattgefunden hat und in der Phase der Spätgotik, also im 15. Jahrhundert, noch weiter ausgebildet wurde. Den im Jahre 1456 neu erbauten Chor legte Konrad Roritzer nach dem Vorbild der Parler als Hallenchor an. Die Seitenschiffe gleiten über in den Chor, begleitet von einer Brüstungsgalerie mit kanzelartigen Ausbuchtungen. Eine solche Galerie war bei den Parlern nicht vorgesehen. Das stark vortretende und die Horizontale betonende Gesims in der Heiligkreuzkapelle in Schwäbisch

Die Pfarrkirche St. Lorenz dominiert mit ihren beiden Westtürmen das Stadtbild Nürnbergs. Mitte des 14. Jahrhunderts entstand das Schmuckstück, die Westfassade mit dem Figurenportal und der Maßwerkrosette. Der abschließende durchbrochene Giebel zählt zu den Meisterwerken der fränkischen Gotik.

Gmünd dürfte aber Vorbild und zugleich Anlaß für die Ausgestaltung in Nürnberg gewesen sein. Die Galerie als Gesimsersatz und räumlich wirkendes Architekturmotiv hat Schule gemacht. Etwa ein halbes Jahrhundert später taucht sie im sächsischen Annaberg wieder auf. Davon wird im folgenden Kapitel die Rede sein.
In Nürnberg haben sich Baumotive aus der Spätgotik bis in die Neuzeit erhalten. Typische Beispiele bieten die spätgotischen Bürgerhäuser. Die Gebäude an der Oberen Krämergasse, die um 1398 entstanden sind, zieren Dachgauben mit Zeltdächern. Das Gebäude am Weinmarkt Nr. 1 weist einen Erker auf, der in die Dachzone eingebunden ist. Solche baumotivischen Eigentümlichkeiten entwickelten sich zu städtischen Spezialitäten, die Architekten bis weit in das 17. Jahrhundert nachbauten.
Eine typisch „gotische Perspektive“ können die Besucher der fränkischen Metropole am Hauptmarkt unmittelbar vor dem „Schönen Brunnen“ erleben. Diese wohl faszinierendste Schöpfung ihrer Gattung entstand in den Jahren von 1385 bis 1396. Als Künstler wurde „Meister Heinrich der Parlier“ genannt. Wahrscheinlich handelte es sich um Heinrich Behaim d. Ä. Die zart gegliederte, 20 Meter hohe Steinpyramide setzt sich aus einem gelehrten Bildprogramm zusammen, in dem Vertreter der Philosophie, des Alten und Neuen Testaments sowie des politischen Lebens repräsentiert sind. So vereint die Reichsstadt in ihrem Herzen Glauben, Weisheit und politische Macht. Hinter dem Brunnen, dessen Originalfiguren im Germanischen Nationalmuseum stehen, erhebt sich die Westfassade der Frauenkirche. Die Frauenkirche gilt als die älteste Hallenkirche Frankens und wurde in der Zeit von 1350 bis 1358 ungewöhnlich schnell erbaut. Sie weist einige Neuerungen auf, wie zum Beispiel die monumentale Portalvorhalle und das westlich vortretende Chörlein der Michaeliskapelle, das sich im Innenraum mit einer Empore öffnet. Kaiser Karl IV. aus dem Hause Luxemburg förderte den Bau großzügig, wohl deswegen, weil er sich oft in Nürnberg aufhielt. Außerdem war der Kirchenbau für bedeutende Feierlichkeiten des Reichs gedacht. Aus diesem Grund ließ die Bürgerschaft zusätzlich eine Empore für den Kaiser errichten. Der mit Fialen bekrönte Treppengiebel und die zierlichen Figurennischen im hohen dreieckigen Abschluß kontrastieren mit dem Unterbau, den lediglich zwei hohe Lanzettfenster durchbrechen. Diese entschieden profane Aufrißstruktur läßt eher an eine Rathausfassade denken als an einen Sakralbau. Aber eben dadurch erweist sich die „kaiserliche Marktkirche“ als politischer Ausdrucksträger in Zeiten eines emanzipierten städtischen Bürgertums.

Die Nürnberger Frauenkirche gilt als die älteste Hallenkirche Frankens und wurde von 1350 bis 1358 erbaut. Der mit Fialen bekrönte Treppengiebel und die zierlichen Figurennischen im hohen dreieckigen Abschluß kontrastieren mit dem Unterbau, der lediglich zwei hohe Lanzettfenster aufweist. Eine weitere Spezialität dieses Baus mag man im westlich vortretenden Michaelischor, der sich im Innenraum mit einer Empore öffnet, erkennen. Er ist mit dem berühmten Uhrwerk, dem „Männleinlaufen“, versehen.

Riemenschneiders Heilig-Blut-Altar, der zwischen 1499 und 1505 für die St.-Jakobs-Kirche in Rothenburg ob der Tauber entstanden ist, überrascht mit einer neuartigen Motivkonstellation. Nachdem Jesus seinen untreuen Jünger als Verräter entlarvt hat, marschiert dieser mit seinem Geldbeutel hinaus in die Nacht. Die Dramatik dieser Szene unterstrich Riemenschneider durch einen seltenen Kunstgriff: Er rückte Christus aus dem Zentrum der Komposition. Auf diese Weise avanciert Judas zur Hauptfigur der Szene und signalisiert mit seinem Verrat den eigentlichen Beginn der Passion.

Das Konzept der Hallenkirche: unterwegs in Hessen

Einige Hallenkirchen, besonders mit phantasievollen Raumkonzepten der Parler, haben wir schon kennengelernt. Es dürfte deutlich geworden sein, daß es sich bei diesem Typus und den daraus sich immer wieder neu entwickelnden Varianten um eine spezifisch deutsche Errungenschaft der gotischen Baukunst handelt. Doch wo sind die Grundlagen für die Pläne von Schwäbisch Gmünd, Nürnberg oder München zu finden? Die Marburger Elisabethkirche, zur Zeit der Hochgotik um 1235 entstanden, wird gern als sogenannter Urtypus herausgestellt, obwohl ein früherer Hallenbau in Walderbach schon aus der Zeit um 1180 überliefert ist. Nun vereint die Elisabethkirche viele Merkmale, die damals für den weiteren Verlauf der deutschen Baukunst prägend gewesen sind. Zum einen sind Motive der französischen Kathedralgotik zu erkennen, wie beispielsweise die kantonierten Rundpfeiler, die gebündelten Dienste um die Vierungspfeiler oder die Maßwerkstruktur der Fenster, die mit der Reimser Kathedrale zu vergleichen ist. Zum anderen wurde jedoch der für die französische Kathedrale so typische Höhenzug durch das Anheben der beiden Seitenschiffe auf die Höhe des Mittelschiffs ausgeglichen: Es entstand die Hallenkirche. Ferner verzichtete man auf einen Umgangschor mit Kapellenkranz und entwarf statt dessen einen Dreikonchenchor, wie er in Köln, in St. Aposteln, schon vorgeprägt war.

Elisabeth, Landgräfin von Thüringen und Ehefrau Ludwigs von Thüringen, galt als Vertreterin eines sozial ausgerichteten Christentums. Sie starb 1231, erst 24 Jahre alt. 1235 wurde sie heiliggesprochen. Ihr zu Ehren ließ man nicht nur die Kirche erbauen, sondern auch – eine einzigartige Preziose – den hochgotischen Schrein, der zwischen 1236 und 1249 entstanden ist. Das mit vergoldetem Kupfer nachgebildete Kirchenschiff mit einem zentralen Querschiff ist mit einem Bildprogramm versehen: Christus und Maria sowie die hl. Elisabeth betreten das Tor zum Himmlischen Jerusalem. Die Dachreliefs zeigen Szenen von den Taten der Heiligen. Interessant und für das politische Selbstverständnis der Grafenfamilie bezeichnend sind die Ritterfiguren und Spielleute auf dem Gitter, das den Schrein umgibt. Marburg galt damals als Ort der ritterlichen Repräsentation. In der Südkonche der Kirche ist die Grablege der thüringisch-hessischen Landgrafen zu finden. Auf den Sarkophagen erscheinen sie als jugendliche Ritter.

Von der Elisabethkirche sollte man geradewegs zum Marburger Schloß spazieren, das Ende des 13. Jahrhunderts erbaut wurde. Der Rittersaal ist als zweischiffige Halle ausgebildet, deren Gewölbe durch oktogonale Pfeiler ohne Kapitelle gestützt wird. An der Längsseite ist ein weiter Erkerraum ausgeschieden, der wahrscheinlich als landgräflicher Thronsitz diente.

Das Spannungsfeld zwischen der französischen Kathedralgotik und der deutschen Baukunst dieser Epoche ist vielfältig und variantenreich. Keine Frage, daß die Baumeister Aufrißsysteme und ornamentale Grundstrukturen aus Frankreich übernahmen und abwandelten. Die eigene Bautradi-

Trotz umliegender Höhenzüge und des dominierenden Schloßbergs beherrschen die Türme der Elisabethkirche die Unterstadt von Marburg an der Lahn. Die hessische Kirche, zu Ehren Elisabeths, der Landgräfin von Thüringen, ab 1235 errichtet, gilt als erste eigenständige Hallenkirche Deutschlands, obwohl sie auch französische Baumotive zeigt.

tion, die sich in der rheinischen Romanik oder in der staufischen Klassik ausprägte, war allgegenwärtig und steuerte Grundrißtypen und Baumotive bei, die sich elegant mit der neuen französischen Architekturmode verbinden ließen. Vor allem aber entstanden durch diese Auseinandersetzung mit den bauästhetischen Formen des Nachbarlandes kreative Kräfte, die zur Hallenkirche, zur Brüstungsgalerie oder zu anderen Neuerungen führte. Da die Westfassade einer Kirche von vornherein als Schauseite geplant war, die äußere Gestaltung der Seitenschiffe aber durch die Strebepfeiler oder Lanzettfenster ebenfalls als „schauwürdig“ zu erachten war, nutzte man diese Möglichkeit in Deutschland. Die Katharinenkirche in Oppenheim, von 1330 bis 1340 erbaut, mußte wegen ihrer besonderen Hanglage zur Stadt – nur die Südflanke war zu sehen – entsprechend gestaltet werden. Man wählte das südliche Seitenschiff als Schaufassade und ließ die Langhausfenster überproportional erweitern und facettenreich mit vielen phantasievollen Maßwerkfiguren versehen. Ein Fenster ist sogar mit einer Rosette, wie sie sonst nur an Westfassaden zu sehen ist, geschmückt. In diesem Fall war man begierig, die französischen Vorbilder nachzuahmen. Deren filigranes Westmaßwerk übertrug man auf die gesamte Länge der Südflanke.

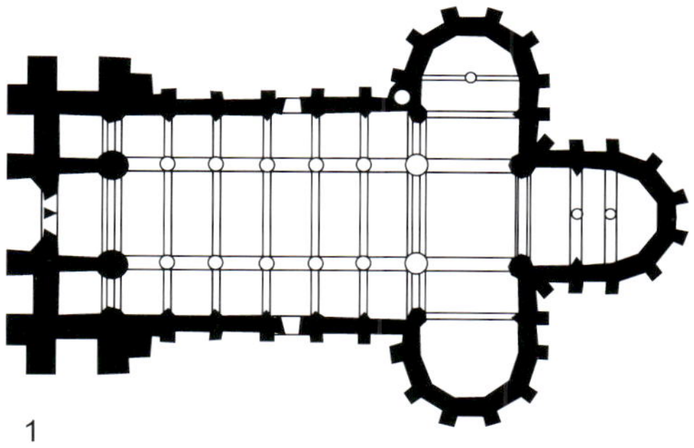

1

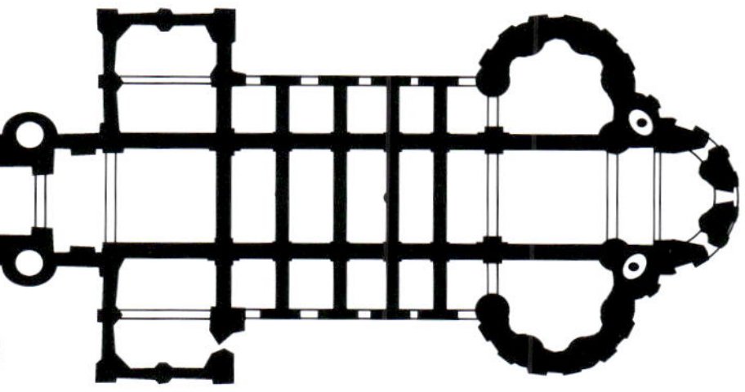

2

Grundrißgestaltung
1 Marburg, Elisabethkirche
2 Köln, St. Aposteln

Gotische Fensterformen
1 Oppenheim, St. Katharinen, Fenster der Südfassade, 1330/40
2 Siena, Dom, Langhaus, Obergaden, um 1320
3 Regensburg, Dom, Chor, ab 1273

Die Esslinger Marienkirche (siehe S. 24) steht in einer vergleichbaren Lage zur Stadt. Hier sah man sogar zwei Südportale vor, um eine westliche Hauptfassade zu suggerieren. Vermutlich geht die Idee, die Langhausfenster besonders ausdrucksvoll mit Maßwerk auszustatten, um den Effekt der längsseitigen Schaufassade zu erreichen, auf den Mindener Dom (1267– 1290) zurück.
So erwuchsen dem gotischen Kirchenbau in Deutschland immer wieder neue Aufgaben, die im Kontakt mit Frankreich souverän und in manchen Fällen sogar spielerisch gelöst worden sind. Zu erinnern ist auch an die deutsche Spezialität des gotischen Kirchturms, der in einer solchen Variantenbreite sonst nirgendwo in Europa anzutreffen ist.
Der Bau des Frankfurter Doms, der eigentlich gar keiner ist, da es in der Stadt niemals einen Bischof gegeben hat, der Stiftskirche St. Bartholomä also, ist ab 1250 nachgewiesen. Das Turmprojekt des Frankfurter Stadtbaumeisters Madern Gerthener von 1415 kennzeichnet den Weg von der diaphanen Wandstruktur der Spätgotik zur kompakten und gedrungenen Form der Neuzeit. Der gotisch schlank in die Höhe strebende Turm erfährt keine Zuspitzung, sondern rundet sich zu einem kuppelartigen Gebilde ab. Die Vollen-

Die deutsche Spätgotik zeichnet sich durch raffinierte Turmbauten aus. Einer der berühmtesten und in seiner filigranen Struktur wohl kompliziertesten Türme schmückt das Frankfurter Stadtbild – gemeint ist der Dom, der so eigentlich gar nicht bezeichnet werden darf, da die Mainmetropole nie Sitz eines Bischofs war. Das Turmprojekt von Madern Gerthener stammt aus dem Jahr 1415. Möglicherweise dienten ihm gotische Baldachine als Vorbild.

dung seines Turms im Jahre 1513 erlebte der Baumeister, der 1430 starb, nicht mehr. Die filigrane Frankfurter Turmkrone ist als Hoheitszeichen für die wirtschaftliche Potenz der freien Reichsstadt und die politische Macht des Territorialherrn zu werten. Übrigens war der Entwurf Gertheners Vorbild für die 1450 erbaute Wiener Kirche St. Maria am Gestade. Das Motiv des gekuppelten Maßwerkturms tauchte erstmals an gotischen Baldachinarchitekturen von Altären oder Chorgestühlen auf. In der Klosterkirche von Altenberg an der Lahn zeigen Wandmalereien Apostel unterhalb von gekuppelten Baldachinen. Sie könnten ein Vorbild für Gertheners Turmentwurf gewesen sein.
Ein weiteres Projekt Madern Gertheners weist ihn als bedeutenden Skulpteur und genialen Erneuerer des spätgotischen Portals aus. Für die Frankfurter Liebfrauenkirche schuf er gegen 1420 das Tympanon und gestaltete das Bogenfeld als steil in die Höhe geklappten Landschaftsraum. Er erhielt auf diese Weise einen bühnenartigen Raum mit Fels-, Busch- und Architekturstaffagen, in dem er die Verkündigung an die Hirten, den Zug der Heiligen Drei Könige und die Anbetung des Christkindes in einer erzählerischen Folge unterbringen konnte. Die Figuren und die Felsen sowie das Buschwerk und die Baumkronen erscheinen fast vollplastisch herausgearbeitet. Die in der Gotik übliche Aufteilung des Tympanonfeldes in Register, um eine szenische Leserichtung der Ereignisse zu erhalten, gab der Künstler zugunsten eines Simultanraumes auf. Anknüpfungspunkte sind im frühgotischen Bamberger Fürstenportal, besonders aber in den spätmittelalterlichen Erzählbildern der Tafelmalerei oder in der vielfigurigen Passionsdarstellung in Altarretabeln zu vermuten. Der Frankfurter Rat unterhielt freundschaftliche Beziehungen zum Mainzer Erzbischof Konrad Daun, einem Sohn der Reichsstadt, und empfahl wohl den Stadtbaumeister Gerthener für den Entwurf des erzbischöflichen Grabmals nach Mainz. Das Werk wurde 1434 vollendet – nicht mehr von Gerthener selbst, sondern von einem Meister aus seinem Umkreis. Die gotischen Röhrenfalten klingen noch nach, sind allerdings schon entflochten und fallen schwer herab, begleitet von den weit ausgebauchten Falten des Gewandes. Leichtigkeit und Eleganz werden durch Schwere und Würde ersetzt. Mit diesem Bildwerk und dem Tympanon der Liebfrauenkirche lassen sich die ersten Schritte zur stilistischen Entfaltung der Renaissanceskulptur nachvollziehen.

Die ehemalige Klosterkirche der Zisterzienser in Altenberg, westlich von Wetzlar, wurde in der Gotik mit Zierat versehen, der dem strengen Ideal des Ordens widersprach. Das mit Drei- und Vierpässen ausgestaltete monumentale Maßwerkfenster im Westen findet seine Entsprechungen in den Fenstern der Quer- und Seitenschiffe. Die Abbildung zeigt einen Stahlstich von Johann Pöppel, der um 1850 entstanden ist.

Blick vom Chor Richtung Westen durch das Mittelschiff der zwischen 1330 und 1340 erbauten Katharinenkirche in Oppenheim: Auffallend sind die Lanzettfenster des südlichen Seitenschiffes. Die Rosetten – üblicherweise ist ihr Ort in der Westfassade – prägen die stadtwärts ausgerichtete Südflanke als Schaufassade. Es sind nicht nur die kunstvoll verzierten Maßwerkfenster, die den Betrachter an französische Vorbilder erinnern, sondern es ist auch das ausgeprägte Kreuzrippengewölbe. Um die Vierungspfeiler bündeln sich die Dreiviertelsäulchen und streben, nur von Blattkranzkapitellen unterbrochen, in die Höhe, um sich im Gewölbe zu verzweigen.

In der Klosterkirche von Altenberg an der Lahn sind gegen Ende des 13. Jahrhunderts Fresken entstanden, die unter anderem einen Apostelzyklus darstellen. Die Häupter der Jünger Christi sind mit raffinierten Baldachinarchitekturen bekrönt. Ob diese Baldachine von gebauten gotischen Kirchtürmen inspiriert sind, läßt sich nicht nachweisen. Denkbar wäre auch, daß diese Formen Baumeister zu komplizierten Turmstrukturen angeregt haben, wie etwa zu Madern Gertheners Plan für die Frankfurter Liebfrauenkirche.

S IACOB
S SIMON
PHILIPPUS

Unter der Freiberger Tulpenkanzel: vom Erzgebirge nach Magdeburg

Der phantasievolle, variantenreiche und teilweise auch raffinierte spätgotische Ornament- und Figurenstil in Deutschland unterscheidet sich grundsätzlich von der schematisierten französischen Reißbrettgotik. An vielen Varianten lassen sich deutliche Bezüge zur neuzeitlichen Form ablesen. Der voluminös gestaltete Faltenwurf, die zum architektonischen Eigenleben sich entwickelnde Dekorplastik oder der Ausgleich von Höhe und Breite im Kircheninnenraum sind typische Merkmale des Übergangsstils. In Sachsen kann man das gesamte stilistische Spektrum dieser Epoche kennenlernen, von der Spätromanik und Frühgotik in Naumburg bis zur spätgotischen Tulpenkanzel im Flamboyantstil in Freiberg. Der Freiberger Dom, unsprünglich Ende des 12. Jahrhunderts errichtet, weist neben der erwähnten Kanzel ein gestuftes Trichterportal aus der Zeit um 1230 auf, die Goldene Pforte. Das Konzept ist staufisch, zu erkennen an den kompakten Rundbogenleisten. Die figuralen Motive sowie die Personen des Alten Testaments und verschiedene Heilige präsentieren sich im zierlichen gotischen Faltenwurf. Das betrifft besonders die Anbetungsszene des Tympanons. Marias nervöser Faltenwurf und die Gewandung des Engels verraten noch viel von byzantinischen Mustern. Die Beweglichkeit, die ausdrucksstarke Gestik und die räumliche Anordnung der Figuren sprechen allerdings für französische Anregungen.

Große Bauabschnitte des Doms fielen im Jahre 1480 einem Stadtbrand zum Opfer. Nur wenige Teile, unter anderem die Goldene Pforte, blieben erhalten. Ab 1484 begann man mit dem Wiederaufbau. Um 1500 war der Rohbau fertiggestellt. Zu dieser Zeit arbeiteten Steinmetzen unter der Leitung von Hans Witten an der Tulpenkanzel. Es ist schwer zu entscheiden, ob es sich hier um ein architektonisches Ornament oder schlicht um ornamentale Architektur handelt. Die Treppe des aus Sandstein gefertigten Predigtstuhls windet sich, gestützt von einer Konsolfigur in einer Astgabel, in einem eleganten Schwung in die Höhe. Der sicherlich von den Parlern inspirierte Hallenchor ist ähnlich wie in der Nürnberger Lorenzkirche mit einer Brüstungsgalerie versehen. Vor jeder Wandvorlage wurde ein kanzelartiger Vorsprung eingebaut.

Das Konzept des Freiberger Doms dürfte auf die dreischiffige Hallenkirche in Annaberg gewirkt haben. Der in Böhmen ausgebildete Baumeister Jakob Heilmann entwarf die Pläne und leitete deren Ausführung bis 1525. Auffallend und typisch für das Stilgefühl der Spätgotik ist der Versuch, sich allmählich vom filigranen Ornamentstil zu lösen. Die Brüstungsgalerie erhielt – was bislang unüblich war – Figurenreliefs. Völlig neue Wege wurden in der Gestaltung des Gewölbes beschritten. Es zählt zu den spätgotischen Wundern Sachsens. Die von den konkaven Oktogonalpfeilern ausgeschiedenen Rippen verzweigen sich zu atemberaubenden Mustern, die sich den herkömmlichen Gewölbetypen wie Stern- oder Netzgewölbe nicht mehr zuordnen lassen. Nicht nur merkwürdig, sondern fast schon dreist erscheinen die Wandpfeiler, die unvermittelt, ohne Rippenverzweigung oder Kapitell, stumpf in

Die Annenkirche im sächsischen Annaberg entfaltet ihren filigranen Zauber nicht nur in den Maßwerkfenstern, sondern auch im breit ausladenden Gewölbe des Mittelschiffs. Die zierliche Rippenstruktur spreizt sich kunstvoll von den Oktogonalsäulen ab und verästelt sich raffiniert in den Gewölbejochen.

das Gewölbe dringen. Die statische Aufgabe war bewältigt – eine ästhetische „Übergangslösung" nicht erforderlich. Das Gewölbe selbst, zumindest optisch unabhängig vom statischen System, bietet sich nun als kunstvoll gestaltetes Monumentalornament dar.

Freiberg und Annaberg waren landesherrliche Gründungen unter den Wettinern, dem damals vermögendsten Fürstengeschlecht Deutschlands. Seinen Reichtum bezog es vom Silberbergbau. Die Landesherren konnten es sich leisten, eine Kirche eigens für die Bergleute errichten zu lassen, St. Anna. Die großzügigen Kurfürsten, allen voran Herzog Albrecht, ließen ab 1471 in Meißen die markgräfliche Burg des 10. Jahrhunderts in eine hochherrschaftliche Anlage umwandeln. Planung und Ausführung lagen in den Händen des kursächsischen Landbaumeisters Arnold von Westfalen. Den ersten Bauabschnitt konnte er 1485 abschließen. Unter Jakob Heilmann wurde die Burg bis 1525 erweitert. Architektonisch besonders interessant ist der große Saal des Albrechtbaus. Hier entfaltet sich ein ungewöhnliches Zellengewölbe mit profilierten Graten. Steil, fast pfeilerartig, führen die Deckenteile wie Stalaktiten hinunter und werden von kurzen Säulenstümpfen, die in eine ausladende Basisplatte übergehen, aufgefangen.

Der mit der Burg gewissermaßen in Symbiose lebende Meißener Dom wird hauptsächlich wegen seiner frühgotischen Monumentalfiguren aufgesucht. Sie stellen Kaiser Otto I. und seine Gemahlin Adelheid dar und sind zwischen 1255 und 1260 entstanden. Sie fallen durch ihre ausdrucksstarke Gebärdensprache auf. Ihre Physiognomien und Gesten sowie die schwer und elegant herabfallenden Falten der Gewänder verraten die Hand des Naumburger Meisters oder die eines Werkstattgesellen. Der Vergleich mit den Naumburger Stifterfiguren legt diese Annahme jedenfalls nahe. Ekkehard und Uta im Westchor des Naumburger Doms, des sogenannten Stifterchors, sowie die Gräfin Gepa – die Figuren dürften um 1250 entstanden sein – zeigen mit dem halb geöffneten Mund und der Kopfneigung ähnliche „sprechende Gesichter". Aber auch die Stifterfiguren Hermann und Reglindis deuten auf Meißen. In Naumburg fällt die Gewandbehandlung allerdings weicher und fließender sowie in der Faltensetzung präziser aus. Die Meißener

Die Tulpenkanzel im Freiberger Dom bezaubert durch das Spiel der Engel und der Treppenfigur. Ihr Meister, Hans Witten, arbeitete um 1500 an den Skulpturen. Gegenüber erhebt sich ernst und würdevoll der Träger der Bergmannskanzel, die von Hans Fritsche stammt.

Figuren wirken dagegen schematisierter. Mit Meißen und Naumburg konstituiert sich der entschiedene Individualstil des Naumburger Meisters und seiner Werkstatt. Bezüge sind auch zu den Mainzer Lettnerfiguren möglich sowie zum sogenannten „Bassenheimer Reiter", dem hl. Martin in der Pfarrkirche zu Bassenheim. Dieser dokumentarisch nicht faßbare Meister zählt zu den großen deutschen Künstlerpersönlichkeiten der Frühgotik. Man hat versucht, seinen Weg anhand stilistischer Bestimmungen zu verfolgen. Möglicherweise begann seine künstlerische Laufbahn in Frankreich. Die Konsolfiguren an der Westfassade der Kathedrale von Noyon oder die Reliefs des Liebfrauenportals des Metzer Doms legen diese Vermutung nahe. Von hier gelangte er dann ins Rheingebiet nach Mainz und weiter nach Naumburg und Meißen.

Ein ähnlich interessantes Architekturensemble wie in Meißen kann man auch in Erfurt erleben. Hier sind es zwei Kirchen, die auf dem Domberg eine architektonische Partnerschaft eingegangen sind. Dem Dom St. Marien, etwa ab 1150 bis zur Mitte des 15. Jahrhunderts erbaut, wurde ab 1278 die Stiftskirche St. Paulus und Severus zur Seite gestellt. Diese Nachbarschaft war nicht von vornherein geplant. Doch erkannte man bald den ästhetischen Reiz des Platzes, der sich trapezförmig hügelabwärts öffnet, und versuchte ihn prägend in das Stadtgefüge einzubeziehen.

Die Stifterfiguren (1255–1260) der Kaiserin Adelheid und des Kaisers Otto I. im Meißener Dom markieren den Übergang von der staufisch-romanischen zur frühen gotischen Form. Die stämmigen Gestalten sind umfangen von weich fließenden Gewändern, die in langen Schwüngen, Röhren bildend, auslaufen.

Die schlanken und in einer rhythmisch ausgewogenen Stellung angebrachten Strebepfeiler des Meißener Doms harmonieren mit dem Kreuzrippengewölbe. Selten wurde in der deutschen Hochgotik ein derart stimmiges Gefüge in der Proportionierung der Bauteile erreicht.

Noch vor dem Bauabschluß der Stiftskirche fügte man um 1320 eine Vorhalle an die westliche Südflanke des Doms an, die wie ein Riegel den Platz auf der Höhe abschloß. Heute spazieren die Besucher über eine Treppenanlage hügelaufwärts auf das große Vorhallenportal mit dem hohen Wimperg zu und mögen verspüren, wie sensibel die mittalalterlichen Stadtplaner und Bauleute mit der Gestaltung von Stadträumen umgegangen sind.
Der Magdeburger Dom, dessen Baubeginn in das Jahr 1209 fällt, gilt als erster Bau Deutschlands, an dem die Übernahme des französischen Kathedralkonzepts eindeutig nachzuweisen ist. Der Umgangschor mit den polygonalen Kapellen dürfte das hervorstechendste Merkmal sein. Den sogenannten Bischofsgang, gemeint ist das Obergeschoß des Chors, gestalteten die Baumeister wahrscheinlich um 1125 nach burgundischen Vorbildern. Aufriß und Details der Paradies-Vorhalle in Maulbronn könnten hier vermittelt haben. Darauf verweisen die in unterschiedlicher Höhe gestaffelten Rundbögen sowie die Schaftringe und die Kämpferplatten. Die aus der Zeit um 1220 stammenden sechs Chorfiguren veranschaulichen den Stil der Chartreser Nordportalfiguren, die kurz zuvor entstanden sind. Die schlanken, hoch aufgerichteten Gestalten mit den übergroßen Köpfen und den wie ziseliert wirkenden Gewandfalten könnte sogar ein französischer Meister skulptiert haben. Petrus, Paulus und Andreas jedenfalls wirken wie Zitate der Portalfiguren von Chartres. Diese bewußte Übernahme französischer Vorbilder geht wohl auf die Studienreise des Magdeburger Erzbischofs Albrecht nach Frankreich zurück. Er war es auch, der von einem „opus francigeno" sprach, als er den Dombau plante.

Im Gewände des Westportals vom Erfurter Dom sind die Gestalten der Klugen und Törichten Jungfrauen versammelt. Der Skulpteur hat die leidenschaftliche Dummheit der Törichten Jungfrauen durch ein bewegtes Gesten- und Mienenspiel zum Ausdruck gebracht. Diese Gestaltungs- und Kompositionsweise dürfte im Reigen gotischer Skulpturen einzigartig sein.

Blick durch das Kirchenschiff des Freiberger Doms Richtung Westen auf die Orgelempore. Die große Orgel mit prachtvoll gestalteten barockem Prospekt ist ein Meisterwerk Gottfried Silbermanns, der als einer der bedeutendsten Orgelbaumeister Deutschlands gilt und zu späterer Zeit zum Ruhm dieses gotischen Sakralbaus beitrug. Das Hallenkonzept dürfte seinen Weg von Prag nach Sachsen gefunden haben. Wahrscheinlich waren es Steinmetzen der Parler-Bauhütte, die für diesen neuartigen Plan verantwortlich waren. Die gleiche Höhe von Mittel- und Seitenschiffen sorgt für einen würdevollen Raumeindruck. Die Brüstungsgalerie zieht sich elegant um die Wandvorlagen herum und bildet dabei kanzelartige Vorsprünge aus.

Zu einer städtebaulichen Sonderleistung ist es in Erfurt gekommen. Neben dem Dom St. Marien (links), etwa ab 1150 erbaut, wurde 130 Jahre später der Grundstein zur Stiftskirche St. Paulus und Severus gelegt. Es entstand ein Ensemble, das die ästhetische Potenz des trapezförmig sich hügelabwärts öffnenden Platzes ausschöpfte. Um ihn mit der Stadt zu verbinden, fügte man um 1320 eine Vorhalle an die westliche Südflanke des Doms an, die wie ein Riegel den Platz auf der Höhe abschloß.

Der Halberstädter Dom, Baubeginn um 1240, gehört zu den Beispielen der vollentwickelten hochgotischen Bauwerke. Vom Konzept her ist er zu vergleichen mit dem Straßburger und dem Freiburger Münster sowie mit dem Kölner und dem Regensburger Dom. Das durchlichtete Triforium und die schlanken Bündelpfeiler sowie die zierlichen Maßwerkfenster dürften über die Straßburger Dombauhütte von Frankreich her inspiriert worden sein. Besonders französisch mutet das fast fragil erscheinende Aufrißsystem an.

Das Stadtbild von Magdeburg nimmt sich an der Elbe besonders malerisch aus. Majestätisch, fast schon wie eine Vision des Himmlischen Jerusalems, erheben sich die Westtürme des Doms über die Stadt. Das Gotteshaus wurde ab 1209 errichtet. Im Konzept hielten sich die Bauleute eng an französische Vorbilder. Das betrifft besonders den Umgangschor mit den polygonalen Kapellen.

Gotische Wunderwerke: der Kölner Dom und westfälische Malerschulen

Gab es so etwas wie eine bauästhetische Konkurrenz zwischen Frankreich und Deutschland, zwischen dem Ursprungsland der Gotik und dem Land der eifrigsten Rezeption und Weiterentwicklung dieses Baustils? Man möchte es glauben. Nachzuweisen ist es nicht. Außerdem könnten Spekulationen ausufern und an der Sache vorbei ins Ideologische abgleiten. Es geht nicht darum, welche Nation die „bessere Gotik“ hervorgebracht hat, sondern um eine Differenzierung dieses Stils. Man versuchte das französische Kathedralkonzept zu verfeinern und in seinen Dimensionen zu vergrößern – sowohl diesseits als auch jenseits des Rheins. Nach Amiens schien der filigrane Höhenzug ausgereizt. Doch wenige Jahre später, 1225, begann man mit dem Bau der Kathedrale von Beauvais, einem babylonischen Unterfangen. Das diaphane Aufrißsystem war jedenfalls statisch nicht mehr vertretbar. Die durch die Obergadenfenster entmaterialisierte Wand geriet so hoch, daß der Seitenschub des Gewölbes auch nicht mehr durch ein verstärktes äußeres Stütz- und Strebesystem aufgefangen werden konnte. Im Jahre 1284, während eines Ostergottesdienstes, stürzte der Chor ein. Er wurde zwar 1573 erneuert, doch blieb der Bau bis auf den heutigen Tag unvollendetes Fragment.

Der Beginn des Kölner Doms im Jahre 1248 fällt in die Zeit der kritischen Auseinandersetzung mit der statischen Belastbarkeit hoher Mittelschiffswände – auch wenn als zusätzliches Stützelement ein fünfschiffiges Konzept vorgesehen war. In Beauvais konnte man studieren, wie Fehler zu vermeiden waren.

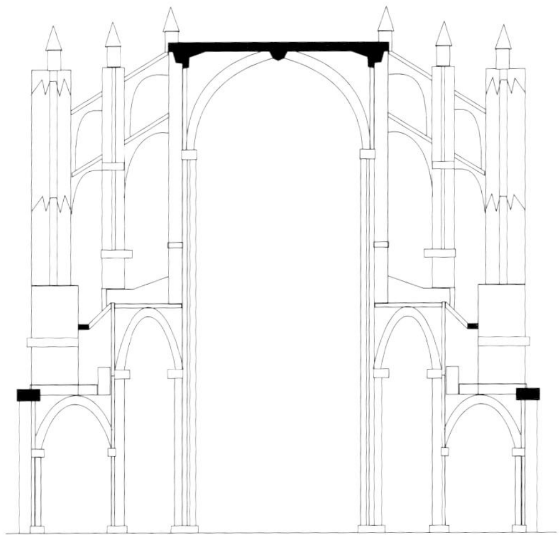

1

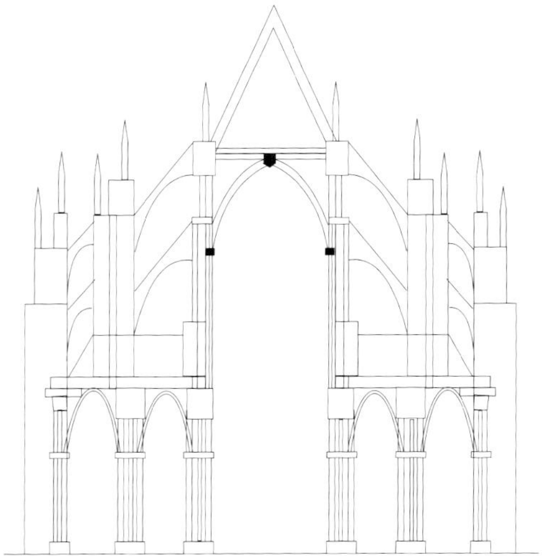

2

3

Gotische Aufriß-
systeme
1 Beauvais, 1225
2 Köln, 1248
3 Amiens, 1220

Der Blick in den Chor des Kölner Doms zählt auch heute noch zu den eindrucksvollsten Erlebnissen während eines Besuchs in der Stadt. Die hohen Maßwerkfenster, die schlanken Säulen und die weit ausgreifenden Schwünge der Gewölberippen erinnern an die französische Kathedralgotik. Doch das ausgewogene Verhältnis zwischen dem Höhenzug und den Dimensionen der sich in die Breite ziehenden fünfschiffigen Basilika wird man in Frankreich vergeblich suchen.

Schon damals, also noch vor dem Einsturz des Chors, erkannte man die überproportionale Höhe des Mittelschiffs im Verhältnis zu den weitaus niedrigeren Seitenschiffen. Dagegen überzeugten die Konzepte von Reims und Amiens: Einerseits sollte der Bau auf Höhe angelegt werden wie in Amiens, andererseits ging es um eine raumgreifende Aufteilung von Mittelschiff und Seitenschiffen hinsichtlich einer spürbaren Harmonie wie in Reims. Beide Kathedralen standen modellhaft Pate für die Kölner Planung. In der Domstadt am Rhein gelang das Wunder: Alle Räume ließen sich ohne Unterbrechung oder Zäsur harmonisch miteinander verbinden. Vom Chor mit dem Chorumgang und dessen ausgeschiedenen Kapellen über die Vierung und die Längsschiffe bis zur westlichen Turmhalle blieb die Fünfschiffigkeit konstant. So scheint tatsächlich im Kölner Dom das bauästhetische Resümee der französischen Kathedralgotik vorzuliegen. Im Jahre 1322 konnte die Stadt die Vollendung und Weihe des Chors feiern. Dann stockten die Bauarbeiten. Sie wurden erst im 19. Jahrhundert wieder aufgenommen.

Die Naumburger und Bamberger Skulpturen stehen für den Übergang von der romanischen beziehungsweise staufischen zur gotischen Form. Diese Figuren sind also typisch für die Wandlungsphase, nicht aber für die gotische Skulptur in Deutschland. Diese wird eigentlich erst um 1300 greifbar – unter anderem mit den Kölner Domaposteln im Chor. Von Naumburg übernahm man die Tendenz zur individuellen Ausprägung der Physiognomien. Hinzu kam der elegante S-Schwung mit dem gezierten Hüftknick, der eindrucksvoll von den Gewändern unterstützt wird.

Köln, Dom, Chor, System der Bündelpfeiler, Grund- und Aufriß, um 1260

Köln gilt zwar nicht als Geburtsort der gotischen Malerei in Deutschland – wenn ein solcher überhaupt auszumachen ist, doch lassen sich im Dom für die Malerei, ähnlich wie für die Skulptur, markante Stileigentümlichkeiten hervorheben. Die Innenseiten der um 1330 entstandenen Chorschranken sind mit einem Figurenszenarium versehen, das sich inmitten eines gemalten gotischen Architekturraumes entfaltet. Wie eine mittelalterliche Mysterienbühne nehmen sich die nebeneinandergestellten Räume aus, in denen das Geschehen – es handelt sich um Szenen aus dem Leben des Papstes Sylvester – dargestellt ist. Das bildarchitektonische Rahmensystem setzt sich aus krabbenbesetzten Fialen, Wimpergen sowie aus Maßwerk mit Drei- und Vierpässen zusammen und erweist sich in dieser Struktur als kompatibel mit dem gebauten Raum des Doms. Die Figuren, noch ein wenig steif, aber gestenreich, längst jedoch nicht so beweglich wie die Domapostel, agieren innerhalb eines verhältnismäßig flachen Raumes. Die Überschneidungen fallen noch sehr schematisch aus, so daß auch in vielen formalen Details wie Faltenwurf oder mimische Gestaltung ältere byzantinische Muster der Buchmalerei nachleben.

1 romanischer Stil, um 1180
2 frühgotischer Zackenstil, um 1230
3 gotischer weicher Stil, um 1380
4 spätgotischer harter Stil, um 1430

Die Kombination von Bildarchitektur und Personendarstellung sowie szenischen Abläufen innerhalb von gemalten Räumen war ein Spezifikum karolingischer und ottonischer Codices. Das gotische Filigranwerk verliert gegen Ende des 13. und zu Beginn des 14. Jahrhunderts allmählich seine Bestimmung, Räume zu definieren. Statt dessen besinnt es sich auf seine dekorative Funktion. Räumlichkeit entsteht durch Gruppenkompositionen, durch das gestaffelte Hinter- und Nebeneinander der Figuren. Einen Höhepunkt der gotischen Malerei in Köln bildet in dieser Hinsicht der zwischen 1440 und 1445 geschaffene Dreikönigsaltar Stefan Lochners im Dom mit der Verkündigung Mariens im geschlossenen und der Anbetung des Kindes im geöffneten Zustand. Das Szenarium entfaltet sich vor einem Goldgrund, der überfangen wird von spätgotischem Maßwerk. Der Erzählraum aber, ob naturalistisch gestaltete Rasenfläche oder bürgerliches Interieur der Verkündigungsszene, offenbart den in diesen Jahrzehnten entstandenen Realismus, der sicherlich von den flämischen Schulen angeregt war. Läßt sich in der Malerei ein ähnlicher Übergang vom spätromani-

Der vom Bodensee stammende Maler Stephan Lochner schuf um 1442 in Köln sein Hauptwerk, den Altar der Stadtpatrone für die Marienkapelle. Der dreiflügelige Altar, der im geschlossenen Zustand die Verkündigung darstellt, zeigt geöffnet die Anbetung der Heiligen Drei Könige.

In St. Maria Lyskirchen in Köln sind etwa um 1250 Gewölbefresken entstanden, die den Übergang vom byzantinisch-romanischen Schema zur frühgotischen Malerei veranschaulichen. Der strenge Faltenwurf erscheint aufgelockert und durch scharfe Kanten unterbrochen. Häufig enden die Gewandfalten in nervösen Brüchen, was zur treffenden Bezeichnung „Zackenstil" oder „zackbrüchiger Stil" geführt hat.

schen zum frühgotischen Stil feststellen wie in der Plastik? Die Gegenüberstellung der Bamberger mit den Reimser Skulpturen ist sicherlich einzigartig und kaum auf die Malerei zu übertragen. In der Kölner Kirche St. Maria Lyskirchen haben Restauratoren zwischen 1972 und 1977 interessante Gewölbefresken, etwa um 1250 zu datieren, freigelegt. Der bislang von byzantinischen Vorbildern übernommene, streng schematisierte Faltenwurf erscheint aufgelockert und durch scharfe Kanten unterbrochen. Häufig enden die Gewandfalten in nervösen Brüchen. Dieser sogenannte Zackenstil, eine typisch deutsche Erscheinung, tauchte erstmals um 1170 in einem Antependium des Soester Walpurgisklosters auf und verbreitete sich dann rasch, bis um die Mitte des 13. Jahrhunderts, besonders im westfälischen Raum. Durch das Vermeiden enger Parallelfalten und das Einsetzen scharfer Querfalten erhielten die Gewänder mehr Volumen und die Figuren entsprechend mehr Bewegungsfreiheit. Dieser Stilwandel vollzog sich demnach etwa zeitgleich mit dem der Skulptur, wenn auch in anderen stilistischen Dimensionen. In der Apsis der Soester Hohnekirche ist ein Deckenfresko zu betrachten – es wird in die Zeit um 1240 datiert –, das die Auseinandersetzung zwischen dem byzantinischen und dem neuen Stilempfinden verdeutlicht. Die Muttergottes, die sogenannte Majestas Mariae mit dem sie umgebenden Engelschor, sitzt in strenger Frontalansicht auf einem Thron, der wie ziseliert erscheint. Der ringförmig komponierte Engelsreigen mit den steil in die Höhe ragenden Flügeln aber ist von einer Dynamik erfaßt, die das Kreisen um den Himmelsthron suggerieren soll. Die Gewänder schwingen teilweise seitwärts aus, teilweise fallen sie breit und glatt herab, um sich am unteren Rand zackenhaft aufzukräuseln. In Soest hat sich eine spezifisch deutsche Variante der frühgotischen Malerei entwickelt – und fortentwickelt.

Das um 1330 errichtete Rathaus auf dem Prinzipalmarkt in Münster wird zu den Sonderleistungen der deutschen Profanarchitektur des Mittelalters gerechnet. Die Fialen und Maßwerkfenster sind von der französischen Kathedralgotik übernommen und dürften in dieser Profanisierung als urbane Herausforderung des gegenüberliegenden Bischofsbereichs verstanden werden.

Gotische Fensterformen
Münster, Rathaus, Obere Fassade, um 1330

In dieser Stadt wirkte auch ein bedeutender Maler, der am Ende dieser Entwicklung steht: Konrad von Soest hat sich mit seinem Jugendwerk, dem um 1404 gemalten Wildunger Altar, einen festen Platz in der Riege der großen deutschen spätmittelalterlichen Maler wie Meister Bertram oder Meister Francke gesichert. Der vom Niederrhein her bekannte Typus des volkreichen Kalvarienberges scheint den Meister animiert zu haben, die Kreuzigungsszene in eine Landschaftskulisse mit fernen baum- und buschbewachsenen Hügeln und nahen Erdwällen zu plazieren, die angefüllt sind mit „viel Volk", so wie es in den Auftragsbüchern der Werkstätten stand. Neben Maria, die bleich unter dem Kreuz niedersinkt und von ihren Begleiterinnen gestützt wird, sind auch debattierende Hohepriester, Schergen, eine Jagdgesellschaft mit Hunden und Longinus mit der erhobenen Lanze sowie herbeischwebende Engel, die das Blut des Herrn auffangen, in die Szene eingebunden. Die Verbürgerlichung des sakralen Sujets kommt im Naturrealismus und in der krass vorgestellten Leidensthematik zum Ausdruck: Christus duldet nicht sein Martyrium, sondern krümmt sich vor Schmerz. Maria sinkt nicht edelmütig nieder, sondern ist erbleichend in Ohnmacht gefallen.

Konrad von Soest stammte aus Dortmund. Hier schuf er wohl um 1420 sein Hauptwerk, den Marienaltar für die Marienkirche. Der eben hervorgehobene Realismus der Darstellung kommt hier noch deutlicher zum Ausdruck. Lebensecht und deswegen so anrührend nimmt sich der Apostel aus, der sich kurzzeitig vom Sterbelager der Maria abwendet, um ein Weihrauchgefäß anzufachen.
Der Übergang von der spätgotischen Malerei zur Neuzeit ist vielschichtig. Im Vergleich zu Italien fehlte hierzulande eine ausgeprägte Antikenrezeption, so daß die Renaissancemalerei nördlich der Alpen aus dem gotischen Formengut herauswuchs. Die Erzählfreude und die Naturnähe sprechen aber auch für das Erstarken des Bürgertums – besonders natürlich in den Städten – und eine bereits fortgeschrittene Emanzipation von der kirchlichen Herrschaft.
Der städtische Profanbau begann sich im 14. und zu Beginn des 15. Jahrhunderts allmählich vom Bedeutungszwang der gotischen Sakralform abzusetzen, um eigene Ausdrucksträger zu formulieren. Unter dem Einfluß der Fürsten entstanden in den Städten architektonische Herrschaftsformeln, die besonders im Rathausbau zur Geltung kamen. Eines der schönsten und baumotivisch interessantesten steht in Münster, und zwar auf dem Prinzipalmarkt, dem Platz der ersten Marktanlage des frühen 12. Jahrhunderts. Die Bürgerschaft ließ es um 1330 auf dem Schnittpunkt dieses Straßenmarktes mit dem eindeutig der Domburg zugeordneten Michaelermarkt errichten. Die entschiedene Profanisierung gotischer Kathedralarchitektur – Fialen schmücken den Treppengiebel, und Maßwerkfenster gliedern die Fassade – kann schon als urbane Herausforderung des gegenüberliegenden Bischofsbereichs verstanden werden. Geradezu als Affront mußte wahrscheinlich der Bischof die Stellung des Kaisers mit dem Reichsapfel an erhöhter und zentraler Stelle der Fassade empfunden haben.
In Osnabrück verzichteten die Stadtväter auf eine direkte Herausforderung der Kirche und ließen zwischen 1487 und 1512 einen trutzigen Quaderbau errichten. Der Mittelachse wurde eine zweiläufige Treppe vorgeblendet. Über dem zentralen Portal und an den Ecken ragen schlanke Türmchen mit spitzen Hauben in den Dachbereich. Zwischen den Fenstern des Hauptgeschosses waren früher Statuen der Reichsherrlichkeit angebracht. Das Osnabrücker Rathaus gehört zu den frühen neuzeitlichen Typen, die zu einer eigenständigen Form gefunden und unter anderem auch auf den Schloßbau der Renaissance gewirkt haben. Das Baukonzept ist mit dem des Kölner Gürzenichs und dem des Bremer Rathauses zu vergleichen. Besonders eindringlich aber stellt sich die Neuformulierung dieses Profanbautypus in Braunschweig dar, von dessen Rathaus im nächsten Kapitel die Rede sein wird.

Das zwischen 1487 und 1512 erbaute Osnabrücker Rathaus veranschaulicht bereits den frühen neuzeitlichen Typus mit einer zweiläufigen Treppe vor der Mittelachse. Diese eigenständige Profangotik prägte fortan den spätmittelalterlichen Rathausbau und inspirierte auch den Schloßbau der Renaissance.

JAN VON W
DOMSPATZ

Vom Deutzer Rheinufer aus eröffnet sich ein herrlicher Blick auf Kölns Stadtsilhouette mit dem alles überragenden Dom. Das Aufrißsystem des Doms gilt als Höhepunkt der gotischen Baukunst Deutschlands. Vergleiche mit Amiens sind interessant, da mit dem Kölner Dom die französischen Maßverhältnisse verfeinert und in eine neue Harmonie gebracht worden sind. Der so stark dominante französische Höhenzug wird durch die Fünfschiffigkeit abgemildert, ohne an Eleganz zu verlieren.

Die Soester Wiesenkirche (St. Maria zur Wiese), deren Langhaus und Chor um 1314 begonnen wurden, stellt den Prototyp der umgangslosen Hallenkirche mit einem hochgotischen Stütz- und Gewölbesystem dar. Die Nebenschiffe ordnen sich dem Hallencharakter unter und fallen daher sehr schmal aus. Die zum Quadrat neigenden Raumabschnitte lassen den Raum als Halle deutlich hervortreten und deuten die Funktion als typische Gemeindekirche an. Hier versammelte sich das städtische Bürgertum zum Gottesdienst. Der Herrschaft wurde kein Sonderraum zugewiesen.

Die Zisterzienserkirche Altenberg im Bergischen Land wurde zwischen 1255 und 1287 errichtet. Die Klosterkirche gilt als ein Zeugnis für die Neuorientierung der Zisterzienser an der französischen Kathedralarchitektur. Eleganz und Großzügigkeit – eher ungewöhnliche Attribute dieses strengen Ordens – prägen den Bau. Der vollendete Kapellenkranz und die filigranen Maßwerkfenster entsprechen jedenfalls nicht dem anfänglichen Ideal zisterziensischer Einfachheit.

Von der Heide an die Küste: Klöster, Dome und Fresken in Niedersachsen

Eines der eindrucksvollsten mittelalterlichen Rathäuser Europas ist der mit Treppengiebeln versehene Winkelbau in Braunschweig, das Altstädter Rathaus. Die Bauzeit war relativ kurz, sie dauerte nur von 1393 bis 1396. Allerdings fehlte damals noch der filigrane Vorbau, der als vorgezogener doppelgeschossiger Arkadentrakt mit abschließenden Dreiecksgiebeln ab 1447 in den Winkel eingepaßt wurde. Dadurch gewann der Bau an Ausstrahlung und Würde. Daß die gotische Form mit Lanzett fensterstrukturen, Fialen und Krabben ihrer sakralen Bedeutung entkleidet und in den Dienst städtischen Wohlstands gestellt wurde, ist als demonstrative Geste für das neue politische Selbstverständnis des Bürgertums und der Unabhängigkeit der weltlichen Herrschaft von der Kirche zu interpretieren. Um diesen Anspruch zu unterstreichen, ließ die Herrschaft von den Bildhauern Hans Hesse und Hans Müller ab 1455 die Figuren der liudolfingischen Könige und der welfischen Fürsten gestalten und oberhalb der Erdgeschoßarkaden auf verzierten Konsolen anbringen.

Das deutsche Rathaus der Gotik kennt viele Varianten, unter anderem die zum Marktplatz offene Laube, die sich im 14. und 15. Jahrhundert als Baumotiv über ganz Nordeuropa verbreitete. Sie tauchte wohl zum ersten Mal in Goslar auf. Die vor die Mittelachse geblendete zweiläufige Freitreppe wie in Osnabrück und die Galerie der Könige und Landesfürsten zählen ebenfalls zu den beliebten Baumotiven des gotischen Rathauses. Am ausgeprägtesten fällt die Königs- und Fürstengalerie am Rathaus in Bremen aus. Die zwischen 1405 und 1410 gleichzeitig mit dem Neubau geschaffenen und unter gotischen Baldachinhauben angebrachten Standbilder mit Wappen zieren die Giebelfront vor dem Hauptbau. In Bremen ist es die Stellung des Rathauses, die das durch das Hanseatentum geförderte Selbstbewußtsein des Stadtpatriziats verdeutlicht. Machtvoll behauptet es seinen Platz vor dem Dom St. Petri, dessen Gewölbe in der ersten Hälfte des 13. Jahrhunderts seine hochgotische Gestalt erhielt. Das nördliche Seitenschiff mit seinem zierlichen Netzgewölbe stammt aus der Zeit kurz vor der Reformation (1500–1522). Es gilt als letztes Beispiel spätgotischer Architektur in Deutschland.

Die gotische Form mit ihren Lanzettfensterstrukturen, Fialen und Krabben wurde beim Bau des Braunschweiger Rathauses (1393–1396) ihrer sakralen Bedeutung entkleidet und in den Dienst städtischen Wohlstands gestellt. Hier handelte es sich um eine demonstrative Geste für das neue politische Selbstverständnis des Bürgertums und der Unabhängigkeit der weltlichen Herrschaft von der Kirche.

Die Kultur der Gotik ist in Norddeutschland durch zwei Merkmale gekennzeichnet, den Baustoff und die machtvolle Ausprägung des Profanbaus gegenüber dem Sakralbau. Tore, Türme und Rathäuser behaupten ihren Platz im Stadtbild und unmittelbar neben der Hauptkirche. Von diesen Herrschaftszeichen und Würdeformeln hanseatischer Machtentfaltung wird gleich noch die Rede sein. Lenken wir unseren Blick zunächst auf die so reiche Kunstregion zwischen Harz und Heide, die allerdings durch die romanische Baukunst der Ottonen geprägt wurde. Doch auch hier fallen einzigartige Ausnahmen auf, wie beispielsweise die Holzdecke in der Hildesheimer Michaelskirche. Sie wird vielleicht zu Unrecht der Romanik zugeschlagen, da sie verständlicherweise im Kontext des im 11. Jahrhundert errichteten bernwardinischen Baus, St. Michaels, behandelt wird. Die um 1230 entstandenen Ausmalungen zeigen, wenn auch verhalten, den für diese Zeit so typischen Zackenstil. Die breiten Falten, der angedeutete Hüftknick und die vegetabilischen Ornamentmuster sprechen deutlich für das frühgotische Formempfinden. Einem „Heidewunder" kommen die um 1350 datierten Fresken der Nonnenklosterkirche in Wienhausen bei Celle gleich. Obgleich sie stark restauriert und teilweise auch erneuert worden sind, vermitteln sie doch einen komplexen Eindruck von der Gestaltungsweise der hochgotischen Malerei, die in dieser Form für die Länder nördlich der Alpen eher untypisch ist. Vergleichbare Freskenprogramme dieser Zeit kennen wir von Italien her. In Deutschland nutzte man gewöhnlich die Gewölbe- und Wandflächen zur architektonischen Gliederung. Doch in Wienhausen wird in einem umfassenden Programm der gesamte christliche Kosmos entfaltet, wie er sonst nur noch von romanischen Freskenzyklen in französischen Kirchen bekannt ist. In den Deckenmedaillons werden die einzelnen

In Goslar veranschaulicht das Rathaus mit der zum Marktplatz hin offenen Laube den obligaten Bautypus des 14. und 15. Jahrhunderts. Die vor die Mittelachse geblendete zweiläufige Freitreppe hat sich ebenfalls durchgesetzt, wie unter anderem auch in Osnabrück zu sehen ist.

Das Bremer Rathaus bestícht durch seine Galerie der Könige und Landesfürsten. Die zwischen 1405 und 1410 gleichzeitig mit dem Neubau geschaffenen und unter gotischen Baldachinhauben angebrachten Standbilder mit Wappen zieren die Giebelfront vor dem Hauptbau und sorgen für eine würdevolle und hoheitliche Fassade, die dem hanseatischen Bürgertum angemessen erschien.

Szenen der Passion in Korrespondenz mit alttestamentarischen Darstellungen in den Wandflächen erzählt: Die Geburt Christi (Gewölbe) wird gerahmt von der Erschaffung Evas (östliches Nordjoch) und der Vertreibung aus dem Paradies (östliches Südjoch). So vollzieht sich die Passion nach dem Modell der „Biblia Pauperum“, der volksnahen Bibelschilderung, im Dialog mit entsprechenden alttestamentarischen Szenen: Durch die Geburt Christi und sein späteres Martyrium wird die Sünde von der Welt genommen, um dem Menschen wieder den Zugang zum Paradies zu ermöglichen. Daß die Heilsgeschichte für „alle Welt und alle Zeit“ gültig ist, machen die Monats- und Planetenbilder im Westen deutlich. Wienhausen darf zweifellos als eine Ausnahmeerscheinung im gotischen Bilderbogen Deutschlands gelten. Das trifft wohl auch für die Glasgemälde im südlichen Kreuzgang vor der Nonnenempore und für die Bildteppiche des 14. Jahrhunderts zu. Wenn von der Hallenbaukunst der Parler in der Schwäbisch Gmünder Heiligkreuzkirche die Rede ist,

In Bremen fällt die Entscheidung schwer, ob im Mittelalter das Rathaus oder der Dom als städtisches Machtzentrum deklariert worden ist. Auf jeden Fall erweist sich in der Fassadenstruktur des Rathauses, die ganz dem gotischen Sakralgestus verpflichtet ist, aber auch Renaissance-Elemente aufweist, die Stärke des hanseatischen Bürgertums. Der räumlich zurückversetzte Dom dagegen besticht zwar durch seine mächtigen Türme, nicht aber durch den Bauschmuck.

wird selten erwähnt, daß in Verden an der Aller schon Jahrzehnte vorher ein ähnliches Hallenschema zur Anwendung gekommen ist. Der monumentale Umgangschor konnte bereits 1313 fertiggestellt werden. Es handelte sich hier um einen Neubau der romanischen Basilika des 12. und 13. Jahrhunderts, die durch einen Brand vernichtet wurde. Nur der Turm blieb erhalten. Seine unteren Werksteingeschosse stammen aus dem späten 12. Jahrhundert. Die hohen Rundpfeiler mit den fast zu zierlichen Diensten, die hohen Fenster und die strenge Trennung der mit Kreuzrippen versehenen Gewölbejoche durch Gurtbögen strahlen zwar nichts von der Leichtigkeit der schwäbischen Kirche aus, doch verleihen sie dem Raum eine hoheitliche Würde. Ob man hier von einer Vorreiterrolle sprechen kann, ist fraglich. Die Parler mußten nicht unbedingt nach Verden gezogen sein, um hier ihr Vorbild für Schwäbisch Gmünd zu studieren. Vielmehr ergab die Auseinandersetzung mit den Möglichkeiten des gotischen Kathedralraumes verschiedene Modelle, von denen der Hallenchor eine interessante Alternative zum Basilikatypus darstellte.

Die um 1350 entstandenen Fresken der Nonnenklosterkirche in Wienhausen bei Celle werden gern als „Heidewunder" bezeichnet. In der Tat sind die leider sehr kräftig restaurierten und teilweise auch erneuerten Bilder eher untypisch für die Länder nördlich der Alpen. Sie vermitteln in ihrer Komplexität einen hervorragenden Eindruck von der hochgotischen Malerei Deutschlands.

Der Blick in den Dom von Verden an der Aller veranschaulicht das Hallenschema: Die Seitenschiffe und das Mittelschiff sind gleich hoch. Der monumentale Umgangschor wurde im Jahre 1313 vollendet. Bei dem Dom handelt es sich um einen Neubau der romanischen Basilika des 12. und 13. Jahrhunderts, die durch einen Brand vernichtet wurde.

Die Gebäude des ehemaligen Zisterzienserinnenklosters Wienhausen wurden im 14. Jahrhundert errichtet. Besonders malerisch nimmt sich die Südseite zum Klostereingang hin aus. Der Staffelgiebel ist mit Blendarkaden und Doppelfenstern versehen. Der Treppenturm führt direkt zum Obergeschoß und zum Kornboden. Rechter Hand schließt der Nonnenchor an.

Vom Material geprägt: norddeutsche Backsteingotik

Verleiht der Backstein dem gotischen Formenapparat ein besonderes Gepräge? Die Frage ist entschieden mit Ja zu beantworten. Ohne den leicht zu bearbeitenden Sandstein wäre das filigrane Maßwerk der französischen Kathedralgotik undenkbar. Auch die für den norddeutschen Raum so typischen Hau- oder Werksteine, die man zu massiven Blöcken zuschnitt, prägen das Profil der gotischen Kirchenlandschaft. Der gebackene Stein aber ist ähnlich wie der Werkstein oberflächenmäßig kaum zu bearbeiten. Dafür ersannen die Werkleute Steinmuster, die in ihren Kombinationsmöglichkeiten fast unerschöpflich erschienen und völlig neue Varianten des gotischen Baudekors präsentierten. Die norddeutsche Backsteingotik lebt also vom Baumaterial, das zu ungewöhnlichen und phantasievollen Entwürfen geführt hat. Das trifft für St. Nikolai in Wismar genauso zu wie für St. Katharina in Brandenburg oder für das Rathaus in Tangermünde. Zunächst wenden wir uns aber der „gotischen Stadtvedute Lübeck" zu. Dieses Ensemble von Bürger-, Tor- und Sakralbauten ist in Deutschland einzigartig.
Nach den ersten Siedlungsmaßnahmen unter Graf Adolf II. von Holstein Mitte des 12. Jahrhunderts ließ Heinrich der Löwe Lübeck ab 1159 zur Stadt ausbauen. 1226 erlangte sie die Stadtfreiheit, die sie übrigens bis 1937 behielt. Wenn wir heute durch Lübeck spazieren, fallen uns – typisch für welfische Stadtgründungen – die schmalen, zur Straße hin giebelständig gebauten Häuser auf. Die Parzellen der sehr eng berechneten und in die Tiefe gebauten Reihenhäuser waren im Stadtplan vorgegeben. Die Löwenapotheke aus der Zeit um 1200 mit romanischen Rundfenstern zeugt heute noch davon. Der erste gotische Profanbau dürfte das von Kaufmann Bertram Worneweg gestiftete Heilig-Geist-Hospital sein. Die Bauarbeiten begannen um 1240 und waren 1286 abgeschlossen. Minarettartig ragen die Türmchen auf und signalisieren die Verantwortung der Bürgerschaft für die sozialen Belange der Einwohner. Dieses Baumotiv kehrt wieder im Entwurf für das Lübecker Rathaus. Ein erstes Gebäude war offensicht-

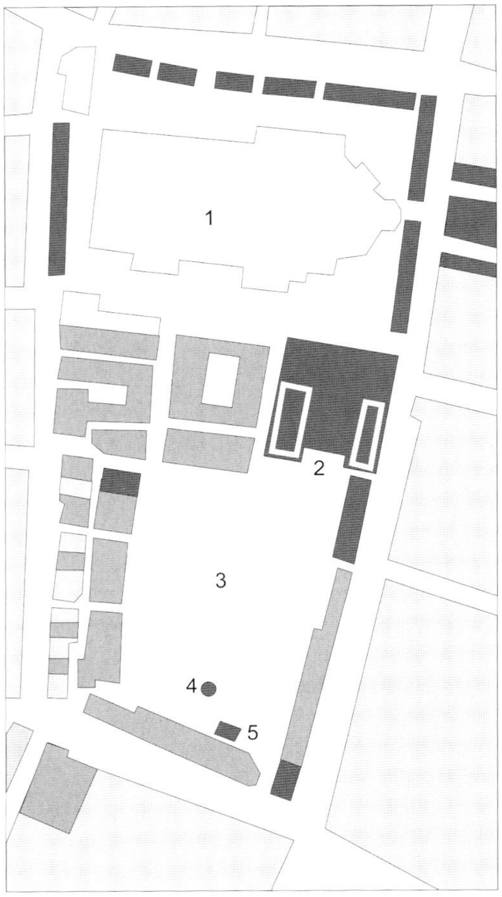

Hansestadt Lübeck, der Markt um 1400
1 Marienkirche
2 Rathaus
3 Markt
4 Pranger
5 Waage

□ Grundbesitz der Ratsfamilien
▒ Grundbesitz anderer Bürger
■ Grundbesitz der Stadt

Um 1240 stiftete der Kaufmann Bertram Worneweg das Heilig-Geist-Hospital in Lübeck. Es handelt sich hier um den ersten gotischen Profanbau der Stadt. Die Bauarbeiten waren 1286 abgeschlossen. Minarettartig ragen die Türmchen als Hoheitszeichen der Bürgerschaft empor (oben). Dieses Baumotiv wurde auch für den Entwurf des Lübecker Rathauses verwendet. Nachdem die Bürger die Stadtfreiheit erlangt hatten, erweiterten sie um 1300 einen bereits bestehenden Bau und fügten in südlicher Richtung Flügel an. Der Haupttrakt wurde von 1340 bis 1350 neu errichtet. Es entstand der wohl glanzvollste Repräsentationsbau einer Hansestadt und zugleich das größte Rathaus des mittelalterlichen Deutschland (unten).

lich schon um 1200 nachgewiesen. Nach Erlangen der Stadtfreiheit folgte ein Erweiterungsbau. Zwischen 1298 und 1308 entschied man sich für einen Flügelanbau in südlicher Richtung. Nachdem die wirtschaftliche und politische Bedeutung Lübecks als Hansestadt zugenommen hatte, ließ man von 1340 bis 1350 den Haupttrakt neu errichten und den gesamten Komplex zur Marienkirche hin durch eine Schildwand abschließen. Es entstand der wohl glanzvollste Repräsentationsbau einer Hansestadt und übrigens das größte Rathaus des mittelalterlichen Deutschland. Nur wenige Schritte entfernt wuchs nach dem Stadtbrand von 1251 die Marienkirche nach dem Vorbild der französischen Kathedrale empor. Geplant war ein geräumiger Hallenchor in Verbindung mit einer französischen Lösung, einem Kapellenumgang. Für dieses Kunststück engagierte die Stadt 1260 einen französisch geschulten Baumeister. Doch schon 1315 verabschiedete man sich vom Hallenkonzept und errichtete unter der Leitung des Meisters Hartwich ein basilikales Langhaus. Die Hauptpfarrei der Stadt präsentierte sich als Kathedrale und damit als Konkurrenzbau zum benachbarten romanischen Bischofsdom. Dieser erhielt um 1266 einen Hallenumgangschor, der auch den Umbau des Langhauses zu einer Halle erforderte. Die Pfarrkirche St. Marien

im Zentrum der Stadt, unmittelbar neben dem Rathaus gelegen, gab sich nobel französisch. Die Bischofskirche, in einer Senke im südlichen Winkel der Stadt erbaut, befindet sich in einer Randlage.

Die Lübecker Marienkirche entstand nach dem Stadtbrand von 1251. Vorbild war die französische Kathedrale. Man plante einen Hallenchor in Verbindung mit einem Kapellenumgang. Ein französisch geschulter Baumeister entwarf die Pläne, doch schon 1315 wandte man sich vom Hallenkonzept ab und errichtete unter der Leitung des Meisters Hartwich ein basilikales Langhaus.

Unter den gotischen Stadttoren nimmt das Lübecker Holstentor, ab 1446 errichtet, eine Sonderstellung ein. Es ist, anders als die übrigen norddeutschen Tore der Backsteingotik, nach antiken Vorbildern konzipiert. Die einen Mittelteil mit weitem Torbogen und Treppengiebel flankierenden Rundtürme sind nach dem Modell des römischen Triumphbogens entworfen. Es dürfte damals kaum noch Verteidigungszwecken gedient haben, sondern eher als Hoheitszeichen des machtvollen Stadtpatriziats.

Die mittelalterlichen Stadttore nahmen sich in Verbindung mit den Mauerzügen oftmals wie eine monumentale Burganlage aus, in deren Mitte sich die Stadt ausbreitete. Noch heute nennt sich Neubrandenburg stolz die „Stadt der vier Tore“. Dabei handelt es sich nicht nur um singuläre Stadttore, sondern um raffiniert angelegte Verteidigungskomplexe, was sich am Friedländer Tor nachvollzie-

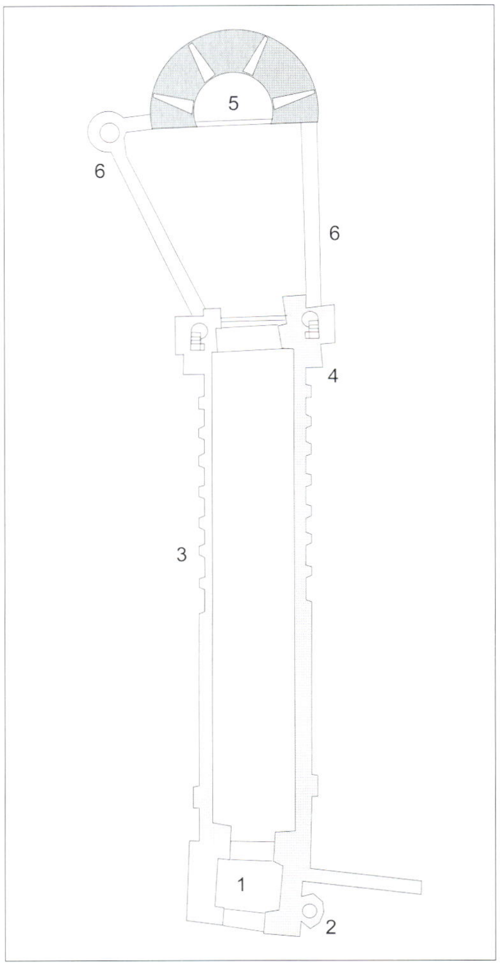

Neubrandenburg, Friedländer Tor
1 Torturm
2 Treppenturm
3 Zwingermauer
4 Vortor
5 Zingel (Bastion)
6 ehemalige Wehrmauer

Die zwischen dem 14. und 16. Jahrhundert errichteten Stadttore Neubrandenburgs waren mit einem sogenannten Zingel, einem Vorwerk, versehen. Der zierliche Friesdekor und die Rundbögen weisen noch auf die Romanik, die minarettartigen Türmchen und die mit Spitzbogenfenstern durchbrochenen Wandflächen mit den Wimpergaufsätzen deuten auf die Gotik, wie hier am Treptower Tor, das um 1400 erbaut wurde, zu sehen ist (oben). Das Obergeschoß des Stargarder Tors in Neubrandenburg aus dem 14. Jahrhundert mutet wie das Aufrißsystem einer französischen Kathedrale an. Die mit Rosetten geschmückten Maßwerkfenster werden von Wimpergen überfangen (unten).

hen läßt. Die zwischen dem 14. und 16. Jahrhundert errichtete Anlage setzt sich aus dem Torturm und dem Vorturm zusammen. Beide Teile sind durch Zwingermauern miteinander verbunden. Vor dem Vortor wurde ein Verteidigungszwecken vorbehaltenes Vorwerk, der Zingel, errichtet. Die Arbeiten begannen kurz nach 1300. Der zierliche Friesdekor und die Rundbögen weisen noch auf die Romanik, die minarettartig aufgerichteten Türmchen und die mit Spitzbogenfenstern durchbrochenen Wandflächen mit den Wimpergaufsätzen deuten auf die hanseatische Gotik. Das um 1400 erbaute Treptower Tor zeigt bereits den künstlerisch ausgereiften Umgang mit dem Baumaterial. Die Backsteinrosetten und die Fenstergrate stehen dem Sandsteinfiligran in nichts nach. Auch die übrigen beiden Tore, das aus der zweiten Hälfte des 15. Jahrhunderts stammende Neue Tor mit den überlebensgroßen Terrakottafiguren – typologisch abgeleitet von der Königsgalerie gotischer Kathedralen — und das Stargader Tor aus dem 14. Jahrhundert mit dem frei vor die Wand gestellten Maßwerk und reicher Blendgliederung führen den Einfallsreichtum in der Verwendung des Baumaterials vor Augen. Dieser artistische Aufwand steht in keinem Verhältnis zur Funktion eines Wehrbaus. Hier kommt das Bedürfnis der Bürgerschaft zum Ausdruck, durch Zierformen Glanz zu verbreiten. Die

Die Nikolaikirche in Wismar, erbaut im 15. Jahrhundert, zählt zu den schönsten Beispielen der hanseatischen Backsteingotik. Das betrifft nicht nur den lichten und hohen Innenraum mit den schlanken, kantonierten Säulen und dem Netzgewölbe in den Seitenschiffen, sondern besonders auch den Giebel der südlichen Vorhalle mit den glasierten Tonfiguren des hl. Nikolaus und der Gottesmutter sowie anderen Heiligen, Fabeltieren und Groteskornamenten.

Ästhetisierung des Profan- und Zweckbaus war im Mittelalter häufig ein Zeichen für den Wohlstand und das politische Selbstverständnis einer städtischen Gemeinde. Der Giebel der südlichen Vorhalle der Nikolaikirche in Wismar aus dem 15. Jahrhundert stellt ebenfalls ein überragendes Beispiel für die aufwendige Verarbeitung des Backsteins dar. Die glasierten Tonfiguren des hl. Nikolaus und der Gottesmutter gliedern zusammen mit anderen Heiligen, Fabeltieren und Groteskornamenten in zwei Registern und einer Blendrosette das Giebelfeld. Auch das Archidiakonat, um die Mitte des 15. Jahrhunderts erbaut, prunkt mit seinem Baudekor, der sich aus Blendbögen, einem Zinnenkranz und Zierfriesen zusammensetzt. Die einst mächtige und wirtschaftlich potente Hansestadt Wismar ließ sich, nach dem Lübecker Vorbild, auch eine Ratskirche erbauen, St. Marien. Sie zählte bis zum Zweiten Weltkrieg zu den schönsten gotischen Backsteinkirchen des Nordens. Von der einstigen dreischiffigen Basilika ist nur noch der 81 Meter hohe Turm erhalten geblieben.

„Ein schöner Anblick ist Stralsund von Rügen aus mit seinen hohen und gotischen Türmen, dem wunderbar gebauten Rathaus und den vielen spitzen Giebeln mit durchbrochenem Mauerwerk." Diese Tagebuchnotiz von Wilhelm von Humboldt aus dem Jahre 1796 macht auf eine „gotische Hansestadt" aufmerksam. Das Rathaus aus dem 13. Jahrhundert setzt sich aus zwei aneinandergefügten Giebelhäusern zusammen. Es bildet mit der Nikolaikirche, zwischen 1270 und 1360 erbaut, das dominante städtische Ensemble. Auch für St. Nikolai stand die Lübecker Marienkirche Pate. Es ging um die Umsetzung der französischen Kathedralgotik. Neben dem obligaten Chorumgang mit Kapellenkranz legte man Wert auf eine differenzierte Außengliederung, die sich im eleganten Strebewerk manifestiert.

Ein gemeinsames Kennzeichen der norddeutschen Hansestädte besteht in der engen Verbindung von Stadtpfarrkirche und Rathaus – wenn möglich unter Ausschluß der Bischofskirche wie in Lübeck. Die städteplanerische Kombination von Rathaus und Pfarrkirche hebt

das geistlich-weltliche Machtzentrum hervor. Noch deutlicher aber kommt diese Allianz in der Übernahme von Bau- und Schmuckmotiven zum Ausdruck. Ob Kirchenfassade, Stadttor, Spital oder Rathaus, die Gestaltungselemente erscheinen austauschbar. Fialen, Maßwerkrosetten oder Wimpergaufsätze schmücken sowohl das Rathaus als auch die Kirchenfassade. Die ab 1325 im Bau befindliche Prenzlauer Marienkirche weist einen flach geschlossenen Chor auf, so daß eine östliche Schauseite entstand. Die filigrane Backsteintechnik zauberte Rosetten, Fialen und Maßwerkfenster hervor, die in der Kunstlandschaft der norddeutschen Backsteingotik einzigartig sind.

Die Fassade des Rathauses in Tangermünde, erbaut in der ersten Hälfte des 15. Jahrhunderts, ist mit den Aufrißsystemen gotischer Kathedralen vergleichbar. Rosetten, Maßwerkfenster und Fialen mit Wimpergaufsätzen wurden als Hoheitszeichen vom Sakralbau übernommen und auf den städtischen Bau übertragen.

Wenn man vor dem hundert Jahre später erbauten Rathaus in Tangermünde steht, möchte man nicht glauben, daß es sich hier um einen Profanbau handelt. Die Aufrißstruktur der Fassade ist durchaus zu vergleichen mit der Chorpartie der Prenzlauer Marienkirche. Rosetten, Maßwerkfenster und die Fassade gliedernde Fialen mit Wimpergaufsätzen wurden als Hoheitszeichen vom Sakralbau übernommen und auf den städtischen Bau übertragen. Eine Trennlinie zwischen der Profanisierung der Sakral- oder der Sakralisierung der Profanarchitektur ist nicht zu ziehen. Die norddeutschen Hansestädte und wirtschaftlich bedeutende Handelsstädte in ihrem Umfeld suchten nach einem homogenen städtebaulichen Konzept, das ihre Würde und Macht in einer ästhetisch ansprechenden Fassade zum Ausdruck brachte.
Mit den Varianten der norddeutschen Backsteingotik entstand ein teilweise raffinierter eigenständiger Kunststil, der nichts Vergleichbares in anderen Regionen Deutschlands oder Europas aufzuweisen hat.

Die Westtürme der Lübecker Marienkirche wurden im Jahre 1351 vollendet. Sie sind mit Kreis- und Vierpaßfriesen geschmückt und durch Gesimse unterteilt. Der Baukörper zeichnet sich durch eine querhauslose Basilika mit Kapellenkranz aus. Zusammen mit dem Holstentor prägen die Türme von St. Marien das Bild der Hansestadt und machen auf einen Reigen ungewöhnlich gut erhaltener gotischer Bauwerke aufmerksam .

CONCORDIA DOMI FORIS PAX

Dieser spätgotische Flügelaltar schmückt den Dom zu Güstrow, dessen erste Bauphase 1335 beendet war. Im Mittelschrein ist in einer figurenreichen Komposition die Kreuzigung dargestellt; die Szenerie wird nach oben von jeweils sechs Heiligen in zwei Reihen übereinander abgeschlossen, von denen die oberen unter Maßwerkbaldachinen stehen. Auf den Flügeln sind je zehn Heilige und die zwölf Apostel zu zu sehen. Der Altar wurde um 1500 von der Werkstatt Hinrik Bornemanns geschaffen.

Die Klosterkirche der Zisterzienser in Doberan nahe Rostock ist zwischen 1294 und 1368 errichtet worden. Die klare Gliederung der Chorpartie mit dem Kapellenkranz erinnert an die Lübecker Marienkirche, die für dieses Baumotiv sicherlich Pate gestanden hat. Überraschend ist das Pseudoquerhaus, das über die Tiefe des Seitenschiffs nicht hinausgeht und als flache Kapelle gebildet wurde.

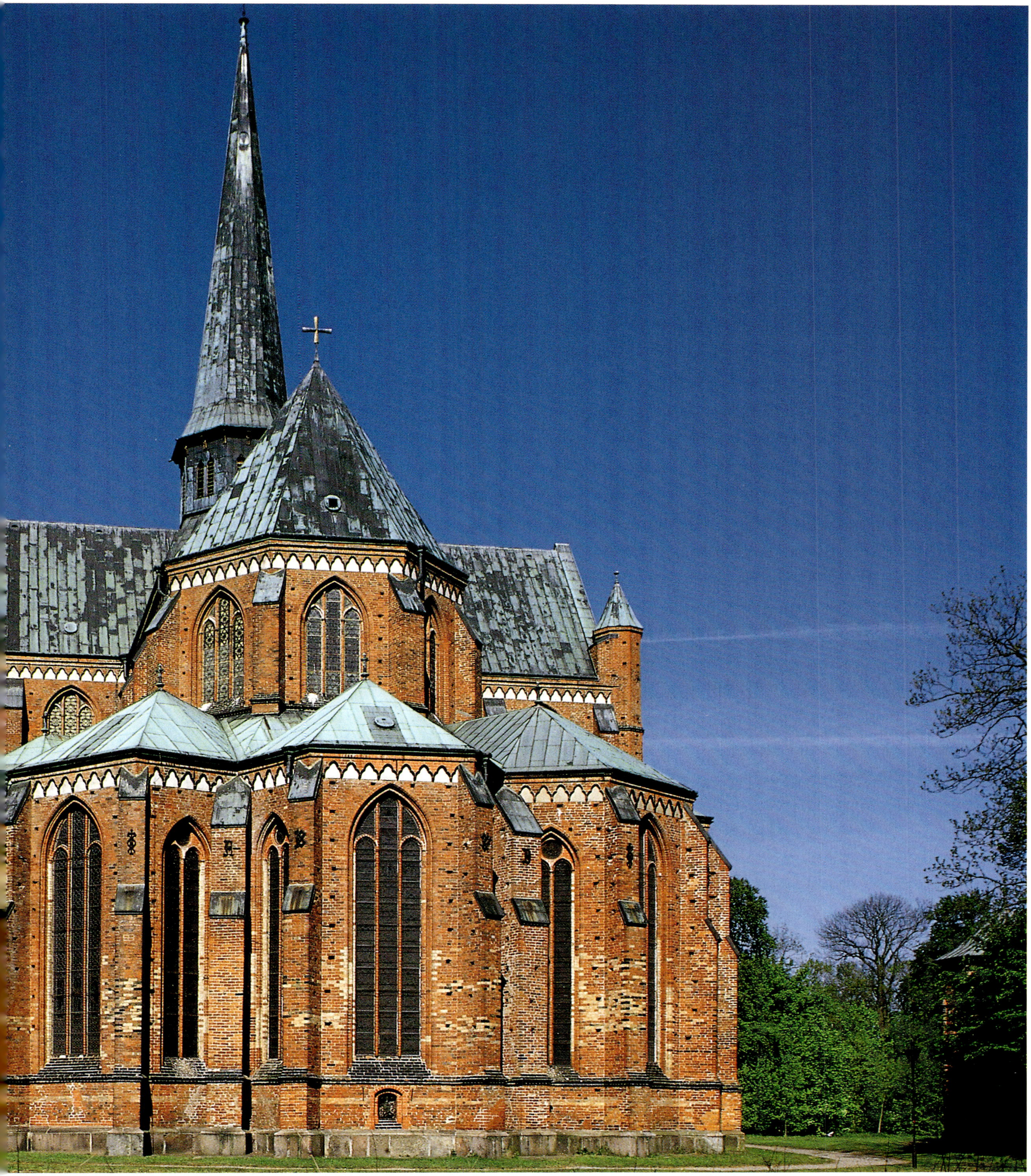

Neubrandenburg nennt sich stolz die „Stadt der vier Tore“. Es handelte sich hier um raffiniert angelegte Verteidigungsanlagen, die durch ihren besonderen Baudekor auffallen, wie ein Fassadendetail vom Neuen Tor zeigt. Das Figurenensemble nimmt sich aus wie die Königsgalerie hochgotischer Kathedralen. Vermutlich hat man diese Assoziation bewußt gesucht und künstlerisch umgesetzt, um dem Bauwerk Hoheit und Würde zu verleihen.

Stralsund kann zu Recht als eine „gotische Hansestadt" bezeichnet werden. Das Rathaus und die Kirche bilden ein einzigartiges Ensemble. Die beiden aneinandergefügten Giebelhäuser des Rathauses aus dem 13. Jahrhundert harmonieren mit der Nikolaikirche, die zwischen 1270 und 1360 erbaut worden ist. Neben dem Chorumgang mit Kapellenkranz legte man Wert auf eine differenzierte Außengliederung, die im eleganten Strebewerk zum Ausdruck kommt.

Glossar

Apsis
Halbkreisförmiger Abschluß des Chors. Die Apsis geht auf die römische Basilika zurück (→ Basilika).

Archivolten
Bogenformen über dem Tympanon, die im gotischen Portal mit Skulpturen ausgestattet sind (→ Tympanon).

Arkaden
Bogenstellung im Kirchenschiff; häufig zu den Seitenschiffen oder zum Chor orientiert (→ Kantonierter Pfeiler).

Basilika
Eine ursprünglich flachgedeckte, in der Gotik gewölbte Säulenhalle mit drei oder fünf längsgerichteten Schiffen. Das mittlere Hauptschiff erhebt sich über den Seitenschiffen, wodurch eine Lichtzone oberhalb des Triforiums mit hohen Fenstern geschaffen wurde (→ Triforium).

Biblia Pauperum
Sogenannte Armenbibel. Textlich reduzierte, reich bebilderte Bibel, die den Leseunkundigen (den in diesem Sinne geistig Armen) die Heilsgeschichte vermitteln sollte. Szenen aus dem Alten Testament wurden solchen des Neuen Testaments gegenübergestellt, um über diese typologische Zuordnung die Erlösungslehre plausibel zu machen.

Blendarkaden
Flach vor die Wand geblendete Arkaden als Gliederungsmotiv oberhalb der Mittelschiffarkaden hochgotischer Kathedralen (→ Triforium).

Brüstungsgalerie
Eine Galerie, die im Mittelschiff oberhalb der Arkaden um die Kapitellzonen herumführt (Annaberg und Schwäbisch Gmünd).

Chorschranken
Trennwände aus Stein, die den Chor gegen das Mittelschiff abschließen. Meist mit figürlichem Schmuck versehen.

Dreikonchenchor
Die Chorkapelle schließt nahtlos an die beiden gegenüberliegenden Querhauskapellen an, so daß sich die Form eines dreiblättrigen Kleeblatts ergibt. Diese typisch romanische Form (Köln, St. Aposteln) wurde in der Gotik übernommen (Marburg, St. Elisabeth).

Fiale (Abb.)
Türmchen, als Abschluß eines Strebpfeilers oder auf Galerien der Kathedralfassade aufragend. Die Schenkel sind mit Krabben oder Possen (→ Abb.), sogenannten Kriechblumen, besetzt. Ein Knopf oder Knopflen schließt die Fiale ab (→ Wimperg).

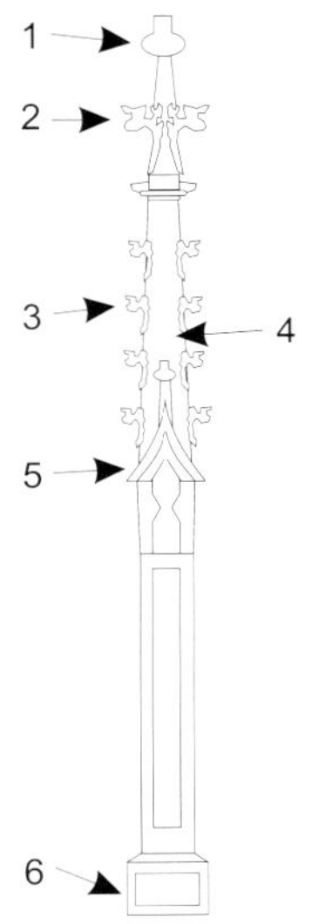

Fiale

1 Knopf oder Knopflen
2 Plume oder Federchen
3 Laubpossen oder Krabbe
4 Stab
5 Dachung
6 Basis

Fischblase (Abb.)
Auch Schneuß genannt. Die Konstruktion dieses Ornaments erfolgt über unterschiedlich große Kreise, die kunstvoll ineinander verschränkt sind (→ Flamboyant).

Flamboyant (Abb.)
Elegant geformte Ornamentmuster in Maßwerkfenstern. Auch Fischblasenmuster oder Schneuß genannt. Aus der irisch-angelsäch-

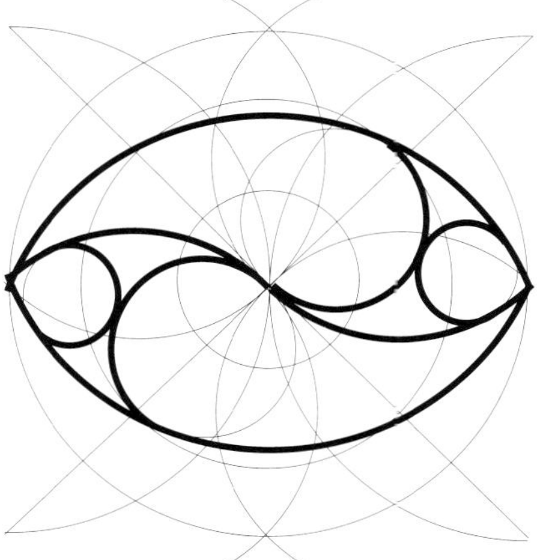

Konstruktion eines Fischblasenornaments

sischen Ornamentmotivik stammend (→ Fischblase).

Flamboyant mit Fischblasenornament

Joch
Der Kirchenraum wird durch Säulen und durch Pfeiler gegliedert. Dadurch entstehen Raumeinheiten, sogenannte Joche.

Kantonierter Pfeiler (Abb.)
Um einen rechteckigen oder quadratischen Pfeilerkern werden Dreiviertelsäulen gesetzt. Im Übergang von der Kapitellzone zum Gewölbe kommt es dann zu einer Verkröpfung, um zu den Arkaden, bzw. den Gurt- oder Strebebögen überzuleiten.

Kapitell
Trapezförmig ausgebildete Zier- oder Schmuckform zwischen Säulenschaft und Bogen (→ Kantonierter Pfeiler).

Königsgalerie
Oberhalb der Rosette eingezogene Galerie mit Darstellungen der biblischen Könige an der Fassade früh- und hochgotischer Kathedralen.

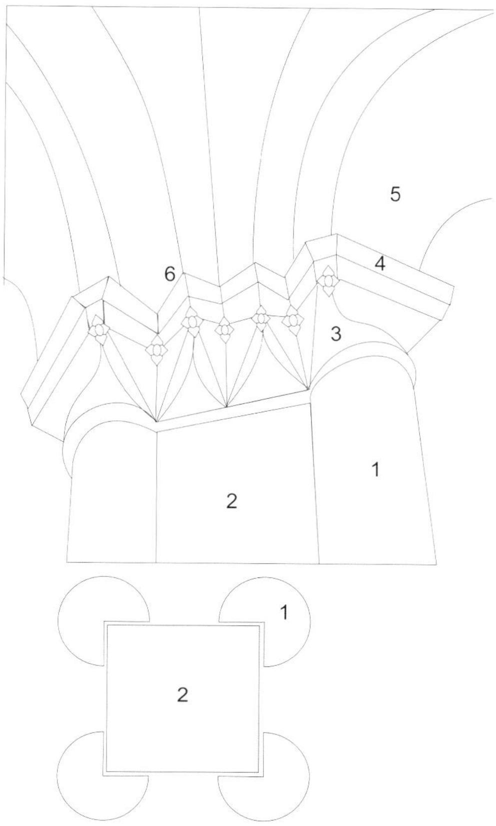

Kantonierter Pfeiler
1 Dreiviertelsäule 2 Pfeilerkern 3 Kapitellzone
4 Kämpferzone 5 Arkaden 6 Verkröpfung

Konche
(Griech./lat. = Muschel): Halbkuppel als Gewölbeabschluß des Chors in der Apsis. Auch Koncha genannt (→ Apsis).

Konsolfigur
An Stelle eines Kapitells stützt eine Figur auf der Säule die Kanzel oder den Gurt- bzw. Strebebogen einer Arkade ab.

Kreuzrippengewölbe (Abb.)
Die Durchdringung zweier Tonnen erzeugt ein vierteiliges Kreuzgratgewölbe, das zu einer sechsteiligen Form erweitert werden kann. Wenn die Grate mit Rippen, die von den Säulen oder Pfeilern ausgehen, besetzt werden, spricht man von einem Kreuzrippengewölbe.

Mandorla
Mandelförmiger Strahlenkranz oder Aureole, in der Gottvater oder Christus ganzfigurig thronen.

Majestas Domini
Darstellung Christi als Herr der

Sechsteiliges Kreuzrippengewölbe

Christenheit, von den vier Evangelisten und/oder Engeln umgeben. Er thront meist frontal mit dem Buch des Lebens in der Linken und der zum Segensgestus erhobenen rechten Hand. Das aus der Apokalypse stammende Motiv tauchte erstmals in der frühchristlichen Malerei auf.

Majestas Mariae
Darstellung der Muttergottes in strenger Frontalansicht auf einem Thron, von einem Engelschor umgeben. In ikonographischer Parallele zur Majestas Domini (→ Majestas Domini).

Neogotik
Auch Neugotik genannt. Baukunst des 19. Jahrhunderts, in der der gotische Stil wieder zur Geltung gebracht wird. Neogotische Formen, wie z. B. Kirchenruinen, finden sich auch in den Gemälden romantischer Maler (C. D. Friedrich). Um 1750 sind bereits in England die ersten neogotischen Bauten entstanden (Strawberry Hill).

Schildbogen
Bogenform zwischen Rund- und Spitzbogen. Im Scheitelpunkt läuft der Rundbogen in einem stumpfen Winkel aus. Es handelt sich hier um eine Übergangsform zwischen Spätromanik und Frühgotik. Häufig in der rheinischen Baukunst anzutreffen.

Scholastik
(Lat. schola = Schule). Mittelalterlicher Wissenschaftsbetrieb zwischen dem 9. und 15. Jahrhundert.

Es ging um die Klärung der Grenzen zwischen der Philosophie und der Theologie. Im 13. Jahrhundert wurden die Wissenschaften und die Philosophie, insbesondere die Naturphilosophie, von der Theologie getrennt. Das scholastische Wissenssystem lebt in den Bildprogrammen gotischer Glasfenster, Fresken oder Skulpturenzyklen nach.

Sterngewölbe (Abb.)
Gewölbeform der Spätgotik. Eine Spezialität der Parler-Bauhütte. Besonders häufig in Kapellen oder im Chor vorkommend. Die Strebebögen laufen auf der zentralen Mittelachse zusammen und verzweigen sich in seitlichen Schlußsteinen, um von dort aus den Fenstern, der Wand oder den Säulen entgegenzustreben.

Spätgotisches Sterngewölbe

Stützsystem (Abb.)
Um den Seiten- und Senkrechtschub eines gotischen Kreuzgratgewölbes abzufangen, werden Strebepfeiler konstruiert.

Trichterportal
Eine von der Romanik übernommene Portalform. Im Gewände ste-

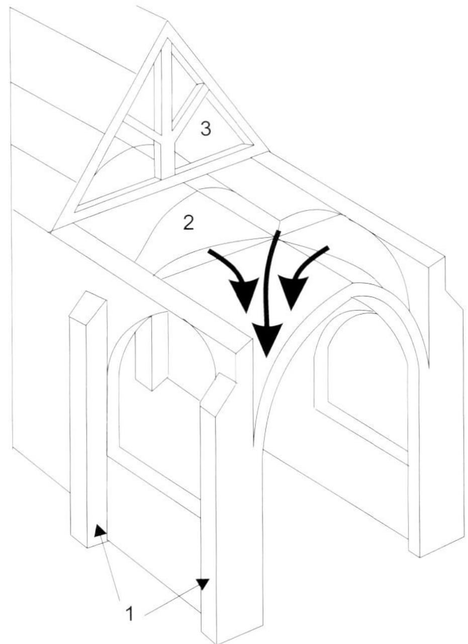

Stützsystem eines gotischen Gewölbes

1 Strebepfeiler 2 Kreuzgratgewölbe
3 Dachstuhl
Die Pfeile geben den Seiten- und Senkrechtschub der Gewölbekappen an, die von den Strebepfeilern aufgefangen werden.

hen nach innen gestaffelt die Figuren.

Triforium
Unterhalb der oberen Fensterzone des Mittelschiffs ist ein Laufgang mit zum Innenraum hin offenen Arkaden eingezogen. In der Hochgotik verschwand der Laufgang zugunsten des Höhenzuges des Mittelschiffs, so daß lediglich Blendarkaden konstruiert wurden (→ Blendarkaden).

Tympanon
Bogenfeld im Portal, das mit Registern versehen ist, in dem Szenen der Heilsgeschichte oder Heiliger dargestellt sind. Oft nimmt das Szenarium Bezug auf die Motive der Archivolten (→ Archivolten).

Vorwerk
Vor das Vortor einer Stadtmauer wurde ein Verteidigungszwecken vorbehaltenes Vorwerk, der Zingel, errichtet.

Wimperg (Abb.)
Auch Windperg genannt. Dreieckiger Ziergiebel über Portalen oder Fenstern. Die Schenkel sind mit Krabben, Laubpossen oder Kriechblumen sowie sogenannten Federn (Plumen) besetzt. Gegliedert wird ein Wimperg durch die Plette, einen geschwungenen Blendstreifen. Der Wimperg kann gerade (Hochgotik) oder als Kielbogen geschwungen gestaltet sein (Spätgotik).

Zackenstil
Auch zackbrüchiger Stil genannt. Übergangsstil in der Malerei von der staufischen Klassik zur Gotik etwa um 1230 (vergl. Abb. S. 62). Die Gewandfalten organisieren sich in nervösen Bewegungen zu Zackenformen.

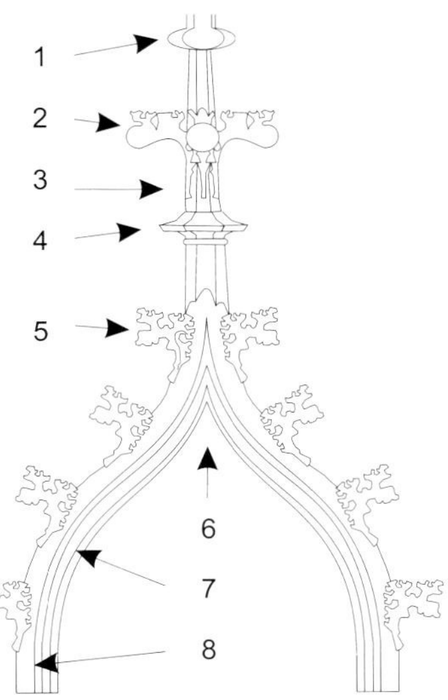

Wimperg

1 Knopf oder Knopflen
2 Große Plume oder Feder
3 Stab
4 Stabplatte
5 Laubpossen mit Schwänzchen
6 Kielbogen
7 Schenkel
8 Plette

Zellengewölbe
Steil, fast pfeilerartig reichen die Deckenteile wie Stalaktiten hinunter und werden von kurzen Säulenstümpfen, die in eine ausladende Basisplatte übergehen, aufgefangen. Häufig in Profanbauten, weniger in Sakralbauten anzutreffen.

Zingel
(→ Vorwerk).